敢闯才会赢

徐方毅 著

团结出版社
UNITY PRESS

图书在版编目（CIP）数据

敢闯才会赢 / 徐方毅著. -- 北京 : 团结出版社,
2024.1
ISBN 978-7-5234-0338-9

Ⅰ.①敢… Ⅱ.①徐… Ⅲ.①创业 – 通俗读物 Ⅳ.
①F241.4-49

中国国家版本馆CIP数据核字(2023)第146011号

出　　版：团结出版社
　　　　　（北京市东城区皇城根南街84号　邮编：100006）
电　　话：（010）65228880　65244790
网　　址：http://www.tjpress.com
E-mail：65244790@163.com
经　　销：全国新华书店
印　　刷：河北浩润印刷有限公司
装　　订：河北浩润印刷有限公司

开　　本：170mm×240mm　16开
印　　张：17.25
字　　数：290千字
版　　次：2024年1月　第1版
印　　次：2024年1月　第1次印刷

书　　号：978-7-5234-0338-9
定　　价：76.00元

目 录
Contents

第四章 互联网，只给有心人准备

第五章 想法就是资本

第六章 你适合网上创业吗?

第七章 互联网盈利模式分析

第一章

Chapter 1

北京，我与你相见恨晚

1. 北京，我来了!

随着列车的一声长鸣，家乡一幢幢留存在自己记忆的高楼、一片片伴随着自己成长的街景，消失在我的眼前。二〇〇一年九月的一个傍晚，经过数十小时的长途颠簸、一路风尘，考取了北京科技大学新闻专业的我，终于从老家浙江永康如愿以偿地来到了北京。

其时，秋风乍起、暮色四合，车水马龙的北京像往常一样，又一次融入了流光溢彩的繁华夜景之中。走出熙熙攘攘的北京火车站，漫步在庄严的天安门广场，伫立在人民英雄纪念碑前，我兴奋而真切地感受着北京这座历史名城的古老和年轻，内心，更是有种难以言表的激动与振奋。

北京，我来了!

外面的世界很精彩。置身北京，我的视野也有了前所未有的开阔，许多以前以为不可能发生的事情，就发生在我切切实实的生活中。以前只在报刊上见过的名人，竟然那么自然地出现在我的周围。很多以前只在电影电视见过的明星，在北京却是显得那么地司空见惯。

北京又是一座充满活力和竞争的城市。初来北京短暂的兴奋期一过，接踵而来的是繁重的学业和对新生活的适应，逼迫我这个异乡游子不得不全力以赴，迅速融入这座国际大都市。

我所就读的北京科技大学，坐落在著名的北京海淀区，是一座具有五十多年历史的以工为主，工、理、管、文、经、法等多学科协调发展的全国重点大学，是全国首批正式成立研究生院的高等学校之一。当我走进"北科大"具有抽象建筑风格的校门，凝视着当代著名书法家苏适题写的"北京科技大学"校名和著名学者欧阳中石题写的"学风严谨，崇尚实践"的校训时，走在图书馆南侧如梦似幻的银杏小道上，我就在心里告诉自己：寒窗苦读终有一搏，相信自己的未来不是梦，我一定要在北京出人头地，一定不能让家里的父母失望。

北京海淀区也是个高校云集之地，除了北京科技大学，还有著名的北京大学、清华大学、中国人民大学等，使得海淀区的校园地带朝气蓬勃、年轻亮丽，文化氛围十分浓厚。

在北京科大，我和其他同学一样住在学生集体宿舍，每间寝室二十平方米左右，却上铺下铺住着十二个人。大家来自天南海北，各自有着自己的理想和憧憬，豪情万丈却又其乐融融。

大学生活是单纯的，我们的理想是单纯的，我们同学之间的友情、交往也是深厚而单纯的。我们一起到各个阶梯教室听课，一起在篮球球场上挥汗、一起吃烧、一起去 K 歌……夜深了，我们还在重叠拥挤的床铺上聊着各自家乡的景致，在熄灯后的烛光下憧憬着毕业后的未来……

对新环境短暂的兴奋过去以后，大学生活又以一种紧张而丰富方式包围了我，在每天固定不变的"三点一线"式（教室—寝室—图书馆）的忙碌中，我像幼苗疯狂地吸收成长的养分一样，如饥似渴地学习着新闻专业知识，听教授讲课，和同学讨论，夜深了自己还捧着书本不断地消化新的知识。

我从小就比较偏爱文学写作，还在读初三的时候，就在全国性的报纸《家庭时报》上发表了处女作，而且编辑一字未改，全文照登。考取北京科大新闻专业后，由于是自己喜爱的专业，我如鱼得水，开始放手一搏。

学校所在的海淀区也是北京风景名胜的集中之地，每天游人如织、络绎不绝。但是，当其他同学课余、周末或假日，在颐和园泛舟、在圆明园怀古、在香山赏红叶的时候，我却在寝室捧书阅读、笔耕不辍。我深知那些能够经得住时间考验的名言，如"宝剑锋从磨砺出，梅花香自苦寒来"（警世贤文），"百分之百的成功等于百分之九十九点九的汗水加百分之一的灵感"（爱迪生）它们真正的用意，就是要我们体现在行动上，而不是仅仅停留在口头上或书本里。于是，当我与知识为友为伴时，孤独在我的书本中渐行渐远，寂寞在我的笔底下悄悄流逝。我想：

我生活在这个完全陌生的城市里，要融入北京这个城市，要在这里有所作为，自己就必须拿出相应的努力。在这里，我对自己的每一个目标，心里想的不是"尽力而为"，而是实实在在地"全力以赴"！

除了大量的不间断的阅读，我还不断地向北京科大的校园报纸《阳光时报》投稿进言，也不断地有稿件在上面发表亮相，我用充满激情的文笔报道着我们火热的校园生活，有时也抒发着自己忧郁的情怀，向它传递着莘莘学子的追求和理想。一路相伴下来，这份报纸竟成了我大学期间课余时光的一块乐土、一份寄托、一个时刻挂在心怀的良师益友。

不久，由于我在校报《阳光时报》上投稿勤奋、发表颇多，加上对该报的编办思路有独特之处，便很快加入了《阳光时报》编辑部大家庭，成为了一名校园报的记者。

北京多元化的一面，北京光怪陆离的城市万象，开始真正融入了我的生活。

2.《正大综艺》，梦开始的地方

二○○三年，是十九岁的我读大学的最后一个年头。二○○三年，也是国内互联网和电子商务开始开足马力发展的重要年头。

著名学者余秋雨在他的散文《道士塔》中这样充满激情地描述过世界人文史上一段堪称黄金时代的情景：其时已是二十世纪初年，欧美的艺术家正在酝酿着新世纪的突破。罗丹正在他的工作室里雕塑，雷诺阿、德加和塞尚已处于创作晚期，马奈早就展出过他的《草地上的午餐》。

翻开国内互联网和电子商务发展历程和发展大事记，不难发现二○○三年之始，也像余秋雨描写的那样，是一段令人缅怀的网络黄金求索期：二○○三年元月，百度的李彦宏荣获首届"中国十大 IT 风云人物"称号；同年六月，根据中国电脑教育报举办的"万人公开评测"结果，百度超越 Google，成为中国网民首选的搜索引擎；根据流量指标，成为全球最大的中文搜索引擎。二○○三年二月，搜狐公司正式宣布进军网络游戏领域，3D 网络游戏《骑士Online》发布。二○○三年元月，网易股票成为二○○二年在美国纳斯达克市场表现第一的股票……

马上就要大学毕业的我，思考着毕业后的去向和安身立命的方式，不由得也升起了要在北京创业的豪情来。

二○○三年二月二十三日，这一天对我的人生来说，也许又是一个有重大意义的一天。因为这一天，我通过央视网站的"网络闯关"，从几千名参赛者中脱颖而出，和其他五名佼佼者一同走进了中央电视台《正大综艺》节目的录制现场。

通过参加这个节目，我在以后创业中所需要的自信参与、坚韧不拔、专业素养、周边知识以及团队合作等精神，都得到了淋漓尽致的发挥和体现，而参加完这次节目所获得的回报，也直接催生了我的创业行动。可以说，那一期的《正大综艺》，正像我在节目中说的那样，是我"梦开始的地方"。

《正大综艺》节目大家应该都不陌生，它是由中央电视台国际部主办的一个集知识性和趣味性于一体的节目，它带给观众的收获是让大家了解世界各地的风土人情。节目针对的目标收视群体为：热爱旅游、热爱生活的城市大众。

之前的一天，我突然接到一个陌生的电话，电话那头一个甜美的女声通知我，到中央电视台后面的梅地亚宾馆参加《正大综艺》选手集训。我这才惊喜地知道，我通过网络答题闯关，成为了参加节目的幸运者。

二月二十二日，在《正大综艺》选手的临时集训地，《正大综艺》主持人林海站在我面前。不一会儿其他选手也陆续到了，大家心态都很平和、很放松。我也悄悄调整了呼吸，准备全身心地体验这难得的时刻。林海跟大家问好，简单寒暄后告诉大家以"玩"的心态对待比赛，我们都心领神会地点了点头。之后每人领到了一份《正大综艺》选手情况问卷，上面包括姓名、年龄、身份、自己的强项弱项以及曾去过的国家、向往去的国家、旅游中难忘的经历，等等。接着我们又做了份问卷，是关于选手知识构成的小测试题，题分得很细也很合理，有建筑、体育、民俗、生物、音乐、文学等六大类。测试结果，我发现大家都是身怀绝技的高手，一种隐隐的压力让我决定，晚上要好好磨枪，准备第二天的"战斗"。

作为嘉宾选手，我参加的是二○○三年第二十五期（总第六百六十八期）的《正大综艺》，主持人还是林海。同期竞技的还有其他来自京城各个行业的五位嘉宾选手。其中最大的要算是来自中国电影出版社的美术编辑张梅了，三十六岁；有个叫杨雅淇的来自北京广播学院的女生，和我一样都是二十岁，不过杨雅淇是一九八二年元月出生的，而我是一九八三年十二月出生的，所以如果不算虚岁的话，在六位嘉宾选手中，我是最小的一位了。

大家也许不太了解，每期《正大综艺》节目都是通过多个工序后才与广大电视观众见面的。首先，编导要进行节目的整体策划，策划方案通过后，开始寻找与这期节目相关的各种资料。而参加节目的选手大多是通过参与央视网站的幸运答题获得参赛资格的。因为《正大综艺》采取的是录播形式，所以节目一般会提前一两个月就开始进行现场录制，录制完毕后还要进行认真的后期剪辑制作。比如我参加的这期，二月二十三日录制的，经过后期制作直到六月二十九日才在中央电视台播出。观众们看到的也许是华美大气的现场、笑语开怀的嘉宾和妙趣横生的情景，但这些欢乐的背后我们几个第一次上这种大台面的年轻人，自信中都多少有点紧张和惴惴不安。

和二〇〇三年那段时期往常的《正大综艺》一样，这期节目也是考验选手之间的竞争与合作，更重要的是考验选手的心理素质。

节目奖励很丰厚：按照整台节目的答题和游戏规则安排，最后所有六位嘉宾选手会被分成一个和五个的竞争对抗，如果是一个人那方赢了，可以获得日本七日豪华游的奖励，如果是五个人那方赢了，则可以获得海南双飞五日游的奖励。

节目中的游戏答题既是对自己知识广度、反应能力的考量，又是选手之间的相互角力。在第二轮谁当闯关者的投票中，我和嘉宾选手美术编辑张梅各得两票，结果最先被淘汰而掌握了"一票决定权"的嘉宾选手、某网络公司职员张莹，把我推向了智力答题"世界真奇妙"的前台。

还好，主持人林海以轻松的拉家常似的闲聊化解了我的紧张，我趁机也把我写的一幅柳体字"正大综艺真精彩。——北京科技大学徐方毅"送给了他。

这一环节是在九十秒钟内一共要快速回答六道有关世界风情方面的智力题。但在第一题"第一座圣诞老人村建在北欧的哪个国家"时，由于我之前没注意到这方面的知识，一下答错了，可谓开局不利。不过不要紧，还有五题呢！

接下来的五道题目，我虽然因为紧张的原因又错了一道，但其他四道都是在规定的时间内完胜。其中"方便面是不是瑞典人发明的"和"圣诞歌曲《铃儿响丁当》来自于哪国"这两道简直就是小菜一碟，也是我大学期间经常遇到的必备知识。六题过后我闯关成功。

回到嘉宾席上我懂得了一个人要有自信、有临危不乱随机应变的素质，才能有良好发挥。

然而在选手杨雅淇闯过她的"走梅花桩"关后，她利用她的"特权"，也把我选进了"国内旅游等候处"（淘汰了），使我失去了继续跟其他嘉宾选手竞争的机会。也许我和杨雅淇同属于真正的八零后吧，又都是年龄最小的选手，节目游戏一开始我俩就在互相较劲，互相投对方的"淘汰"票。到最后，还是她胜了。不过，见过场面的主持人并不替我有更大的惋惜，他非常认同我在现场的态度："参与是最重要的，参与就是成功！"

参加录制这期《正大综艺》，不但让我与著名娱乐主持人林海有了亲密接触、和其他五位年龄相仿的嘉宾建立了友谊的桥梁、对以后上电视台录综艺节目不再怯场了，而且还极大地增加了我的信心，开阔了我的视野，丰富了我的大学生活。

更重要的是，参加完这期《正大综艺》后，节目组发给我的几千元钱，成了我圆创业梦想的第一笔启动资金，所以，这又印证了我在节目上所说的："正大综艺，梦开始的地方！"

转眼来北京已经一年多了，每一次，别人问我"在北京最大的收获是什么"的时候，我都会脱口而出地回答："豁达的自信和开阔的视野。"

是的，北京，我与你相见恨晚！

第二章

Chapter 2

有梦想，谁都了不起！

1. 创业是世界上最好的工作

二〇〇三年的寒假期间，我最大的收获是参加了中央电视台的《正大综艺》节目，并获得了节目组发给的几千元奖金。拿到这笔丰厚的奖金后，我毫不犹豫，用它给自己买了第一台电脑。因为我预感到，我百折不挠的创业梦，将会是从这台电脑，从我将要开办的网站，从国内方兴未艾的互联网热潮中实现。

创业，是一直在我心中魂牵梦绕的一个事业，我个人认为：创业，是世界上最好的工作。

人为什么要创业？我想不外乎下面几点。

1. 有一本叫《富爸爸穷爸爸》的创业书告诉我们一个道理，人这一辈子在世界上只有两条路可走，第一个叫就业，第二个叫创业。其中，创业可以实现财富自由。所以，今天全世界很多有头脑的人、有远大理想的人都在创业。

2. 当一个人找不到工作或者不愿意给人打工，那就唯有创业了！目前国内创业环境的日趋完善、创业文化的日渐风靡，使得越来越多有思想有创意有能力的人走上创业之路，靠自己的能力闯出一番事业的人越来越多，这是一个趋势、一个必然！物竞天择，适者生存，只有把握住社会发展的大趋势并适应这种趋势，才能成就自己的事业。

3. 新浪网创始人王志东曾经说过，我们的创业，是一定要为自己的梦想而创业，你只要有了一个真正梦想，在你克服各种困难去实现梦想的过程，就是你享受人生的过程，就是你追求幸福的过程。创业是一种人生态度、过程，创业目的不是为了财富，而是为了一种成就感、一种幸福感、一种满足感。如果这种幸福感和满足感跟自己的理想、责任完全相符的话，创业的过程就达到了一种完美状态。

4.互联网的迅猛发展，加快了信息的传播和交流，有利于创业者及时掌握运用。各式各样的服务还可以非常方便地从网上获得，国家的政策对创业包括互联网创业也是比较鼓励的。以北京为例，中关村二〇〇三年专门针对创业者的风险资金储备，就达到了大约两个亿，创业者同时也能从各相关部门处得到相应的支持和鼓励。而作为一种新兴的创业方式，互联网创业还缔造了许多财富神话，如微软的创始人比尔·盖茨（William Henry "Bill" Gates Ⅲ）、苹果CEO史蒂夫·乔布斯（Steve Jobs）、阿里巴巴集团的马云和动网创始人Discuz!CEO戴志康等，他们都是网络创业中的先驱者和佼佼者，他们的成功，就是每个创业者可以借鉴的榜样。

而对于我个人来说，创业的动机其实也很简单：我已经离不开北京这个国际大都市了，而要在北京切切实实地扎下根来，就必须在这里创业干出自己的一番事业，争得自己的一席之地。

但是创业并不是只要心中有了万丈豪情和嘴里满世界嚷嚷就行，创业对于一个人来说，是一个抉择，一个起步，一个大的系列工程。

创业的第一步是要选准自己擅长的项目、方式。看似形形色色、让人眼花缭乱的创业项目，经过归纳，实际上可以理出四大类十小类：

1.创业观念的不同，创业项目可分为传统创业和新兴创业；

2.创业方法的不同，创业项目可分为实业创业和网络创业；

3.业投资大小的不同，创业项目可以分为无本创业、小本创业和投资创业；

4.业方式的不同，创业项目可以分为加盟创业、体验式培训创业和创业方案指导创业。

而选择创业项目的方法，主要有以下八种：

1.与已成功公司联手

2.产品有强大市场需求。

3.软硬件有较强的垄断性。

4. 当市场机会刚开始时。

5. 具有独领风骚的行销手段。

6. 低成本的创业资金。

7. 对创业项目的风险了解。

8. 选择好的创业网站。

根据我自己的兴趣和擅长，结合我在大学里所学到的知识，并在对市场需求进行一番分析之后，我决定选电子商务这个创业项目。因为电子商务这种利用互联网作媒介的新型经营方式，将传统的商务流程电子化、数字化，一方面以电子流代替了实物流，可以大量减少人力、物力，降低了成本；另一方面突破了时间和空间的限制，使得交易活动可以在任何时间、任何地点进行，从而大大提高了效率。二〇〇三年，电子商务在互联网上正处于迅猛发展的阶段；电子商务对社会的影响，有人评价它不亚于蒸汽机的发明给整个世界带来的影响。

从此，我开始了创业的征程，开始身体力行地实现我的创业梦了。

2. 艰难的地下室生活

创业的起步是艰难的。

我创办网站后，我最后一个学期也开学了。我把刚买的电脑搬进了宿舍，但是由于学校宿舍的电话是网通的，上网极不方便，加之我住在集体宿舍，每天人来人往，使我很难静下心来搞我的事业。

当时我的网站当时就像个初生的婴儿，急需尽快地成长成熟，也就是需要我每天不停地更新，充实各方面最新最全的资料，尽量留住来网站访问的游客。

然而与我创业极不相称的上网条件和环境，逼得我不得不另找出路。经过几天的深思熟虑之后，我决定搬出宿舍，在校外租房子居住，以便顺利地从事我的创业工作。

于是，在大学宿舍居住了一年多以后，为现实所迫，我又回到了当初刚进京时"北漂一族"的那种状态，成为了北京许许多多"地下室创业一族"中的一员。

北京的地下室大概全国都有名了，是与"北漂一族"为伴的话题和现实。在北京混不容易，首先住房就是一个最大的难题。从气候上来讲，南方潮湿，北方干燥，所以在南方尤其难得一见的地下室，在北京便成为一种普通的居住设施，因其便宜，也成了"北漂一族"的最爱。一个不了解北京的人如果他随便询问一句："请问最近的地下室往哪里走？"立刻就会得到知情人的指点。因为，北京的地下室太普遍了。

如果一个"北漂者"在北京不曾待过地下室，我想，那会是一种遗憾。

我租住的是北京甘露园附近的地下室，初到地下室的日子，是憋闷而痛苦的，甚至好像进了一个暗无天日的地狱。地下室很小，只能放一张单人床和一张桌子，桌子的大部分面积也只能趴着我那台宝贝电脑。没有阳光照射，没有新鲜空气，环境逼仄，阴暗潮湿。思维恍惚的时候，有时觉得自己像是犯了什么罪，而被关进了地牢。

迷宫般的地下室，住着形形色色的处于社会底层的人物。当时我在的地下室有宽带，但是只是每天晚上八点至十一点三个小时，可以按每月九十元包月消费，其余时段是每个小时两元。有时我弄我的网站入迷了，或者非要把某个程序弄出来不可，不知不觉超出了包月时间，我的上网费用就成倍增长，有时的上网开支甚至到了恐怖的程度。

但是我的经济来源却并没有"成倍增长"。作为一个正在就读的大学生，没有其他的经济收入，靠的只是家里寄给我的并不宽裕的生活费用，间或还有些我写稿的稿酬，但这也只是杯水车薪。而我每月需要支付房租和网费，还有吃饭的开销。房东也没什么好脸，因为我的房租总是因家里来钱晚了，而拖欠着。为了省钱，平时我的主食主要都是廉价的馒头、面包和方便面，因为外面饭店里的贵得令人咋舌的饭菜，我是想都不敢想的。有时一成不变的主食吃得要吐了，想在小饭店里吃顿像样的饭打打牙祭，就得反复盘算口袋里的钞票。我甚至开始怀念起住学校宿舍的"惬意"来：交了学费后，住宿、吃饭、上网等基本上不要自己操心了，我现在弄到这步田地，这又是何苦呢？

苦闷的日子里，我学会了吸烟，这个可能是我唯一能平静思绪、舒缓压力的办法，当然我不建议大家吸烟，能不碰吸烟尽量不用碰，这是有害无益的事情。多少次，穷困潦倒的我坐在桌前，目光试着离开我的网站、离开电脑，但望着四面墙壁和明灭的烟头，就不知道自己要干什么了。再向家里要钱？要求每月多寄些钱过来？我出身贫寒，父母都是老实普通的农民，他们从牙缝里省下钱来给我读书，已经不容易了，我无论如何不能再向他们伸手了。那么打退堂鼓，搬出地下室，不搞创业了？那我以前的努力不全都白费了？我想开弓没有回头箭，我徐方毅还不是这种意志不坚定的人，这种虎头蛇尾的人。

"天将降大任于是人也，必先苦其心志，劳其筋骨，饿其体肤，空乏其身……"

虽然我人在地下室里，但打开电脑连上网络，我的理想就能驰骋于天地之间，能干我最钟爱的创业工作，能在我的创业中一步步实现自己的蓝图，那么暂时的贫穷又算得了什么？

我再一次告诉自己：困难是暂时的，一定要咬紧牙关坚持下去！

3. 从较热的行业入手，淘金

我的事业在我的近乎疯狂的执着和坚持中，一步步有了发展和起色。几个月后，我的网站开始有了第一批忠实的会员，他们大都是一些专职或兼职的人，或者对网上创业有兴趣的朋友，他们经常到我的网站来浏览资讯、查阅资料。

我坚信，做网站首先应该赚的是人气、是流量、是好评，然后再水到渠成赚收入，而付出也是为了获得。

那时我办了个银行的信用卡，并把家里寄来的生活费打进了卡里。我并不是充当有信用卡的大款，这样做是有原因的：第一，有什么交易网上支付方便快捷，第二，信用卡可以透支，也许它能让我撑到艰难创业的最后关头。

我又一头扎进了网站的充实和更新中。

经过这样一番调整后，我的网站的流量开始慢慢上来了，最多时一天能达到一千多的点击。有些会员留言补充或更正了我网站资料上的一些错误，还有一些会员通过我的网站，互相交到了一些新文友。同时我的新会员也在不断增长。

网站有了一定的名气后，我试着开始了创业的第二步——开掘收入点的举措。

这是我开始创收的尝试，能不能成功还不好说，但我想迟早会要走出这一步的，创业没有赢利模式，没有增值点，以后就很难说了。

促使我下这个决心的动机还有另外一个原因：因为几个月来为了创业我在资金上入不敷出，几乎到了农行信用卡都透支到不能再透支的地步了，如果不赶快找到资金增长点，我真的要绝望和崩溃了。

值得庆幸的是，过了一个多星期后，我陆续收到了几十张汇款单，银行卡上的存款也是二十几元、二十几元往上涨（因网上汇款的朋友，为了区别谁是谁，一般都要求他们多汇点零头）。一个月后，我得到了两千多元收入。当然，我也及时发出了一百多份投稿资料。

也许是因为我出售的资料要价并不高，二十元一般自由撰稿人都能承受得起，而他们得到的是一套已经验证整合好的实用投稿资料。

我终于尝到了地下室淘金的甜头，也证明我的创业并没有白干。那天，我缴清了房租水电费用，还上了信用卡的透支贷款，叫上了学校里我最好的兄弟老铁等几个人，第一次在一个饭店里"奢侈"了一番。

在和兄弟们碰杯的时候，我想他们也许还不理解我的创业之举，和为了创业付出的艰辛、心血。但我想：每条河流都有一个奔向大海的梦想。长江、黄河都奔向了大海，但方式不一样。长江劈山开路，黄河迂回曲折。它们轨迹不一样，但都有一种水的精神。水在奔流的过程中，如果像泥沙般沉淀，就永远见不到阳光了。

4. 在"非典"的日子里

就在我的网上创业平台刚刚有点起色、有点收入的时候，又一种生活的打击向我袭来了——北京遭遇到了史无前例的"非典"。

二○○三年的春天，我和每个北京人一样，要勇敢地面对"非典"这个不请自来的怪兽。而我因是自己私自离开学校到外面住的，因此，我还多了一层压力——来自学校方面的压力。

那一年三月初的一个凌晨，北京三○一医院，迎来了第一例 SARS（"非典"）。到四月十九日，在人们的惴惴不安和六神无主中，北京的疫情从原先报告的近四十例猛增到了近四百例。一批患者和医护人员倒下了、离去了……

北京城里戴口罩的人越来越多，而且越戴越厚，尤其是坐公交车时，谁不小心打一个喷嚏或咳嗽一声，周围能空出一平方米来。

所有的媒体都把对"非典"、对疫情的报道列为头条，染病的，死亡的，每天都有具体数字。

"非典"这种怪病的幽灵,在北京城内肆无忌惮地游荡,北京城内的人恐慌了。学生开始被强制封闭在学校里，民工开始成批地乘火车汽车逃跑，有的人驾着车、搭上飞机匆匆离开北京，百姓扑向商场、食品店卷起米面油盐醋往家奔跑，一个个机关大门开始关闭，一座座小区实行封闭，一条条街巷没了行人和车子，市民们躲在居室不敢出门……

因为我是"非典"到来之前，没向学校申请就离校租住地下室的，"非典"到来后，学校就不准学生离开学校了，而且制度很严厉。

我仍然白天在学校上课、自习，晚上和休息日便蛰伏在我的地下室独自创业，我从小就是贫寒出身，没有被娇生惯养，所以自认为身体能抗过这场无妄之灾。但学校里的操场、球场甚至走廊过道，大多的时候都是空空如也了，因为大家都缩在教室里、宿舍里，像在躲避一头看不见的大怪兽。一些胆小的女生更是戴上了口罩、穿上了防护服，全副武装起来。

这时我们班的辅导员找到了我，她本来平时是个热情开朗的人，但现在突然不苟言笑、一脸严肃起来，她对我说："你已经在新闻学院出名了你知道吗？"

我愣了："我为什么出名了？"

当时我一心扑在我的网上创业上，学校里的各种活动我大都没怎么参加了，可能正在渐渐地走向寂寂无闻呢。

"你没有经过学校批准就私自出去租房住，现在外面'非典'闹得很厉害，学校已经不准学校离校半步了。你已经到了违反校规的程度了，学校还真的没有哪个学生像你这样。所以说，你在学校里已经出名了。"

辅导员还一脸严正地警告我，如果我坚持要在外面住，学校也不勉强，但在外面染上了"非典"学校不负任何责任。还有，因为"非典"有很强的传染性，如果我离开北京，学校马上就会开除我的学籍。"非典"时期，这一条可不是开玩笑的，是绝对不能马虎的。

这些我都一一答应了，而且承诺不到外面乱跑，注意个人卫生，做好防护措施。最后辅导员让我答应做到每天报告体温，才放心地走了。

辅导员走后，我突然感到一种从未有过的孤独感。我想到了老家的爸爸妈妈，现在"非典"已成席卷全国之势，老家那里还好吗？爸爸妈妈还好吗？

回到宿舍，好朋友老铁告诉我，刚才恰好我妈妈又打电话过来了，问我在北京的情况，问北京的"非典"疫情到底怎么样，非常担心儿子的身体。因为辅导员正在找我谈话，从老家浙江打到北京的长途电话又贵，老铁只好告诉我妈妈，阿毅正在专心上自习课，他很好，徐妈妈和徐爸爸都不要挂念……

"非典"发生后，我就拜托了宿舍的哥们，如果我老家的父母打电话到我宿舍，请都按照我的要求，告诉我父母说我出去自习了，千万不要告诉他们说我在外面住。我用这种善意的谎言，安慰着父母的心，我不想让他们在千里之外担心我。

深夜，我待坐在电脑前，不由得又想起了母亲，想起了我每次回家她都要执着地到车站接我的情景。

午夜两点多，火车带着我的乡愁和期盼，到达了我家乡的终点站。由于路程和车次的缘故，放了假的我每次都是这个时候下火车的，而且由于我们城市的火车站建在郊区，所以即使下车了到我家仍有一大段距离。但是我之前告诉了母亲，我下火车后，她不要出来接我。一天辛劳下来后，母亲有早睡早起的习惯，我怕打扰她难得的休息。我说我自己可以平安到家，不用担心。

江南小城的午夜很安静，附近只有昏黄的路灯，和那寥寥无几的汽车。路上不时地吹来寒冷刺骨的晚风。有一段路没有路灯，前方一片黑暗，我不禁有点感觉凄冷和可怕了，我能清楚地感觉到自己的心跳声，一个人走在这孤寂无人的路上，真害怕半路上突然跳出个张开血盆大口的怪物。

"阿毅……"突然一个熟悉得不能再熟悉的声音传入我的耳朵，抬头一望，昏黄的路灯下有一个中年妇女正蹒跚地向我走来。啊，是母亲！我马上向前跑去，跑到了她跟前。

"不是说好我自己回家吗？您还出来接我，现在都几点钟了？你看，多危险啊，万一路上遇到……"我看着路灯下母亲日益苍老的容颜，不忍心再说下去了。

母亲的眼中布满血丝。"儿子，妈知道你今天晚上要回来，就再也睡不着觉了，你看我们母子俩都大半年没有见面了，还有你爸爸。"

握着妈妈的手，不知怎么我感觉到一种心底的愧疚。母亲的手因为常年的辛苦劳作，变得粗糙，还长了冻疮。母亲就是用这双手含辛茹苦地把我拉扯大，并培养我上了大学。啊，我又发现母亲变得更加瘦小了，脸上的皱纹又多了不少，路灯下我甚至还依稀看到她头上有好几根白发在风中飘动。我感到鼻子酸酸的，不忍心再看下去、再想下去了。……

我还记得那一次我走进家里，吃惊地看到家里桌子上竟供上了从来没看见过的香火蜡烛，香烟缭绕，给人一种虔诚的氛围。"妈妈，您现在怎么也信这个了？"我不解地问道。

"阿毅，你在外面自己一个人生活，妈总有点不放心。妈不能在身边照顾你，就只能给你找人算命、问佛、烧香，让菩萨保佑你在外面一帆风顺。前一段时间，就是十二月二十一日，是你的生日，你虽然没有回来过生日，妈也上香了……"

如烟往事一一想起，泪水不知不觉地挂满了我的脸颊。父母为了儿子的成长成才已经付出了很多很多，我在这里如果真的干不出什么名堂，那就真的有点无颜见江东父老了。为了父母后半辈子的生活，我擦干眼泪，在心底暗暗发誓：一定要努力拼搏，一定要奋斗到在北京出人头地，创业成功的那天，一定要把父母接到北京，让他们也过上大城市的舒适生活！

5. 樱花下的美好时光

"非典"是在二○○三年的春天涌进北京的。尽管"非典"来袭，但生活仍要继续。正像"非典"时期的一则公益广告所说的：SARS 的含义是要我们 Smile And Retain Smile（微笑并保持微笑）。

那一年樱花盛开的时候，我认识了一位日本女孩——铃木香美，给我艰难创业的日子里带来了一抹亮色，也给了我事业上不小的启迪。

我的朋友"安"是一个日语专业的学生。他的严谨的性情、稳重的气质很像日本人。而认识铃木香美正是因为安的介绍，那个时候我才刚学日语里最简单的五十音图，安在我出游时便有时伴在我身边，权且当我的日语翻译。

之前我一直都不相信"一见倾心"这个词，但第一次见到二十一岁的铃木香美，让我感觉到她有点特别。香美是一个很漂亮的时尚女孩，乌发飘扬，散发着淡淡的清香。但最吸引我的还是她很特别的气质。她是一个地地道道的日本女孩，温柔细心，很有礼貌。可能是因为第一次和我见面，铃木香美不太健谈，但她总是微笑着，看着我说话。

我和她的第一次约会是在一个周末。那天我主动约她，请她一起吃台湾小吃，她微笑着答应了。我很兴奋，特别是见面前一天晚上，我高兴得睡不着觉，心里想的都是她，还美滋滋地想着我和她的未来。

在我们约定好的台湾小吃店里，眼看约定的时间到了，但香美还是没有出现。

时间一分一秒地过去了，我还是不见她的影子。难道她已经把这事忘记了？在我的印象里，日本人都是很守时的。我拨了她的电话，说自己已经到了。手机里仍是她熟悉的、柔和的声音，说你等一下，我马上出来。

不一会，远远地看见香美跑了过来。见面后她给我鞠了个躬，并解释说她因为学业很繁忙，来晚了。铃木香美是日本爱知大学现代中国学部的学生，今年春节后就休学来中国学一年中文。我曾开玩笑地对她说，"我可以做你的中文老师。"她说："好啊，谢谢你！"

第一次约会，我就送给了她一束玫瑰，不过是淡白色的那种。书上说淡色的玫瑰代表初恋，而红玫瑰才代表热恋呢。这是我第一次送给女孩玫瑰，心里有点拘谨但更多的是开心。她很高兴地收下了。

那天晚上，我们聊了很多很多。我告诉她我的创业经历和设想，她柔柔地望着我，点头表示支持鼓励；我还告诉她我想跟她学日语，她说："好啊，没问题！"

在以后的日子，我和香美每个星期都会见面。相识是因为有缘，我珍惜这种缘份。我们在星巴克一起喝咖啡，在"水木年华"音乐会上第一次牵手，在地铁上给她看我给她写的浪漫而含蓄的情书……

时间过得很快，在"非典"肆虐的日子里，三月十四日也快到了。这一天安把我从地下室叫出来，说明天（三月十四日）是日本的"白色情人节"，是一次很好的机会。按照日本的习俗，如果你喜欢一个女孩的话，可以在这天送她礼物，并大胆表白你的想法。

我现在还记得那天我确实给香美打了电话，但我不敢说我喜欢她，吭哧了半天，最后告诉她，我过几天请她到北京玉渊潭公园看樱花。

三月是樱花盛开的季节，我和香美一起来到玉渊潭公园，此时，满园的樱花让人心神俱醉。

樱花是日本的国花，也是日本文化的一种主要象征。香美很喜欢樱花，但她告诉我，樱花盛开时很灿烂，却也很短暂。日本人认为，一般人只知道盛开的樱花是灿烂的，而只有知道樱花飘落也是美好的人，才是真正懂得日本人的人。

那么，真正的日本人是什么样？铃木香美告诉我，真正的日本人是喜欢创业的，而且天生有创业的冲动。一个例子，全世界的餐馆密度日本是最高的，因为对于很多日本家庭来说，都热衷于自己创业开店，开个餐厅或者小美容店，用心经营的话，会成为他们一生中的大事。所以在日本能经常看到延续百年的小旅店。而且日本有很多创业名人，中国人都熟悉，如松下电器创始人松下幸之助、方便面创始人安藤百富、索尼巨人盛田昭夫等。

日本人创业不但有激情，更重要的一点是很理性。理性在哪？在于不一窝蜂，而是扬长避短。美国可以说是目前全球的创新中心，所以日本人选择的创新方向，一般都会尽量避开美国人的强项，曲线找到自己的机会，并且在某个细分领域，比如服务上做到真正的极致。这种现象的根源来自日本产业结构的高度细分。在日本，很少有一家通吃天下的情况。一般的情况下每个产业链上都有非常详细的分工，一家公司只要把一件事做好就可以了。

香美还告诉我，日本人很喜欢尝试新产品，哪怕失败，哪怕时间很长，他们都很愿意去尝试。日本人的创业文化里，有一种宽容失败和坚忍精神，但是目标一定不能改变。有家公司在研发一种新药的过程中，有很多次都被认定是失败了，很多人准备放弃了，但是公司总裁一定要坚持，最后终于做成功了，现在这种药在美国一年就可以销售出三十亿美元。

最后铃木香美定定地望着我，微笑着对我说："阿毅，你是个优秀的中国男生，你的创业一定会成功的。不要泄气，要记住，有梦想，谁都了不起！"

樱花盛开的季节，我和铃木香美相识相知，并形成了默契。渐渐地，我对她产生了一种特殊和微妙的感情，我也不知道我为什么会对香美产生那种感情，但也许这并不需要任何的理由。而且，我发现我已经改变了向她学日语的初衷，只想和她见面，和她天天待在一起。

转眼五月份到了。五月十三日是铃木香美的生日。我想这应该是我向她表白的时候了。我找到了安，向他学了几句地道的日语，都是关于表达爱情的。为了保险，我把这些"爱情用语"背了很多遍，熟练得都能脱口而出了。

那天晚上，我和香美又见面了，我们聊了两个小时，分手时在送她到她宿舍门口的时候，我鼓起勇气对她说："香美，我最近学了几句日语，也是我想对你说的话，我告诉你好么？"

"好啊！是什么？"香美微笑地望着我，也许她还不知道此时我已紧张得两腿都有点微微抖了起来。我做了一个深呼吸，然后用日语慢慢地对她说："あなたのことが好きだですよ，彼女になってくれないですか（我喜欢你，你愿意做我的恋人吗）？"

说完后，我的眼睛凝视着她，等待着她的回答。看得出香美感到很是意外，显得有一点拘谨又有一点想回避的感觉。她问我："你知道这句日语是什么意思吗？而且我一定、一定要回答吗？"

我这时心头也方寸已乱，显得有点语无伦次了："我……我不知道什么意思……嗯，请一定……回答。"

她沉默了半晌，然后用日语和汉语分别说了句："すみません，今頃そんなことまだ考えたくないです；对不起，我现在还不想谈这个。—— 再见。"便进了宿舍。她虽然婉拒了我，但语言并不显得决绝冷漠，还同以前那样是柔柔的，像是一种真诚的解释。

那天晚上，我不知道是怀着什么样的心情回到电脑前的。我只记得那天星光灿烂，很美丽却又很遥远。

……

樱花早就飘零了，我没有去看，因为我毕竟还不是那么欣赏"最美樱花飘零时"的情景。过了一段时间后，我试着给铃木香美打了电话，其实也不是什么解释，我也知道她相信我对她的爱是真挚的。人人都有爱和被爱的权利。她在电话那头说，是的，她喜欢我，但不是爱情。她说，她不会忘记和我在一起的日子，我还是她的好朋友。最后她希望我的创业能够取得成功，"有梦想，谁都了不起！"

第三章

Chapter 3

第一桶金

1. 大学毕业后

二〇〇三年七月，我大学毕业了。

这时我已经离不开北京、离不开网络、离不开创业了。我电脑基础并不太好，我开办网站后，其实连打字都不大熟悉，就会收发邮件和浏览新闻。但是我这个人有股韧劲和蛮劲，认准的路就一定要走下去，当时不是很流行一首闽南语歌吗："爱拼才会赢！"

拿到毕业证的那天，我给家里打了个电话，告诉爸爸妈妈自己暂时不会回家了，请二老放心，千万别挂念。我告诉他们，我也许会在北京找到一个称心如意的工作，也许在短时间内自己的创业，会有一个大的发展，总之，你们的儿子既然已经吃了这么多苦，就一定要在北京闯出个名堂来！

父母知道他们的儿子在北京待了两年后，确确实实已经长大了、成熟了，很是欣慰。

我并没有和别人聚居在城乡接合部，而仍住在北京朝阳区甘露园小区的地下室中，因为我好不容易已经适应了这里地下室的生活，如果再一动，生活又要重新安排。

然而在当时那个非常时期，跟许许多多应届毕业生一样，我没有找到工作。其实早在六月份，我就准备找找毕业后的饭碗了，为了便于联系，我还咬咬牙买了个廉价手机，即使是廉价手机，在二〇〇三年手机行业尚不十分发展的时代，一个低档手机都要近千元。

北京本来是个藏龙卧虎、群雄聚集之地，用工量非常大，报纸每天的招聘信息都是以海量计。然而那时正是非典肆虐的时期，工作非常不好找，人与人之间的接触都充满着戒备而小心翼翼，一些要招工的企事业单位干脆坐等非典以后。我从网络上、报纸上仔细搜索着仅有的工作机会后，除了给一些比较远的单位通过电子邮件发去简历外，就是戴着大口罩，带着简历，带着自己的创业成就，当然也带着挨白眼的准备，向自己选定的就近的目标出发。

"你是来找工作的？把简历从窗口递进来就行了，上面写了联系方式没有？写了？那好……"

"目前我们这个岗位竞争很激烈，你把简历搁这儿，回去听消息吧，到时候我们会跟你联系的……"

"你还有一个月才毕业？哎呀……这样吧，我们尽量和你联系。就这样吧，好吗？"

……

用人单位客客气气地留下我的简历、作品等，然后客客气气地把我打发了，让我回家耐心等候消息。

等候消息是一件比较令人难熬的事。过了几天，来了两封电子邮件，却并不是好消息；就近接洽过的几家单位毫无信息，我便又不得不亲自登门拜访了。

有几个单位冷冰冰地拒绝了我，理由是由于"非典"他们的招工计划取消了、改变了；有两家公司不冷不热地夸了夸我的学历、能力，却说我的专业和他们所需要的人才专业不大对口，老总对这方面要求很严格。

最后来到一家小报社，前台小姐有点惊讶地接待了我："昨天面试你怎么没来？"

"你们没通知我呀！"我翻了翻手机，确实没有"未接来电"。

"我们看了你的学历和专业，觉得你可能适合我们的招录水平，希望你过来面试一下。可惜我前天打了你几次电话，都是无法接通。你是不是整天住在地下室里啊？"

前台小姐最后一句话显然有点开玩笑的意味，但她不知道对于我来说，确实是如此。而且我似乎想到了什么，我平静地回到我的住处，试着用手机给老铁拨个电话，不出我的所料，在阴暗潮湿的地下室里，手机搜索了半天没搜到信号，重归一片沉寂。直到我走到了地下室的入口处，信号图标才开始费力地闪烁起来。

一个机会，就这样因手机信号问题而被我白白错过了。但我并不沮丧，也不后悔。要知道，那仅仅是个面试的机会而已，只要我在这里站稳了脚跟，这样的机会，以后还会有。

大学毕业后，我不再让家里给我寄生活费，一切都靠自己。而那时，"非典"时期也正慢慢地结束了。其实二〇〇三年的六月二十四日，世界卫生组织就把中国大陆从"非典"疫区中除名了，但"非典"的影响和阴影直到当年七、八月才从人们生活中和心理上逐渐消失。

七月份毕业大潮过后，特别是"非典"影响解除后，地下室又增住了不少留在北京的应届毕业生和又一拨"北漂"人员。相应的，"非典"过后由于滞留在北京的人越来越多，北京的工作机会的竞争变得更加激烈。

但这时我冷静地分析了一下自己的前途，决定自己还是一边创业一边学习，努力完善自己的知识体系和提高自己的知识水平。从一份调查中我知道：现在北京本市加上外来的"淘金者"，差不多满街都是博士生、硕士生了，他们找个工作尚且还要挤破脑袋，像我这样一般大专毕业生，如此要找一个令自己满意的工作就太难了。更何况我才走出大学校门，没有什么工作经验，还不如"潜龙勿用"，潜下心来努力给自己充充电。

虽然没有什么工作收入，虽然处在这高消费的城市里，我还是咬着牙支撑着。为了节省每一笔开支，我甚至开始顿顿泡方便面吃。

这个时期，我一方面继续从网站上销售着我搜集编写的"高稿酬报刊投稿资料"，一方面自己挤出时间给北京的一些报刊写稿，挣点稿费收入。那期间，我陆陆续续在《北京晚报》《北京晨报》《北京青年报》《精品购物指南》和《青年时讯》等媒体上发表了作品。这些作品有的记叙了我的大学生活，有的描述了我的"北漂"旅程，还有的抒发了我心中的喜怒哀乐、豪情壮志。报纸的稿酬虽然比不上杂志稿费的可观，但它们来得很快，也来得多，我每个月都有几百元稿费进账，加上我销售"投稿资料"的一些收益，再加上我适当地对信用卡进行善意的透支，我基本上维持了我在北京的最低生活水平。

能够在大城市中生存下去，就是好事。我时刻告诫着自己：我在北京独自奋斗是为了今后更美好的生活，所以困难终究只会是暂时的，我一定要挺过去！

2. 一篇文章让我创造一个小小经典

我们这批大学生走出象牙塔一般的校园后，国家也是不包分配的，毕业之后的路，得靠自己去闯了：或推销自己，或伪装自己，或还原自己，或埋没自己。

相对于比较抢手的大学本科生来说，像我这样的大学专科生毕业后，由于种种原因，就业就比较困难了。二〇〇三年八九月份，在创业之余，我又冒出了一个念头：调查一下我们专科毕业生的就业现状和他们的生存现状，写成文章。

于是，说干就干，我冒着盛夏的酷暑，奔走在专科毕业生之间，调查了他们的生存现状，了解和听取他们在激烈的社会竞争中的甜酸苦辣，并重点采访了几个有代表性的专科毕业学生。接着我又通过查找查证翔实的资料数据，最后写出了一篇相关的专题调查文章。这也是我第一篇付出了相当大的精力的作品，后来它陆续发表在全国性的杂志《当代青年》(二〇〇三年第十二期)、《大学时代》(二〇〇四年第四期)和《新一代》(二〇〇五年第八期)，以及《计算机世界》上，引起了专科毕业生的强烈共鸣和反响。这篇文章的题目是《专科生，你过得还好吗？》

二〇〇三年六月份，北京大学"高等教育规模扩展与劳动力市场"研究课题组，对全国高校毕业生就业状况进行了一次大规模调查显示，虽然有不少地区也出现了大专生受到人才市场欢迎的景象，但从总体就业状况来看，就业最困难的仍然是专科生。

在对北京市、山东省、广东省、湖南省、陕西省、云南省和广西壮族自治区等七个省市自治区四十五所高校进行调查发现，二〇〇三年毕业生的落实率，不同学历之间差异显著：专科生为 34.7%，本科生为 77.9%，硕士和博士分别为90.4% 和百 80.5%。

很显然，专科毕业生就业最困难。仅在北京，今年应届毕业的专科生就有数万人，如果算上全国的话，这数字就更加庞大了，他们现在的生存状态值得我们大家关注。为此我们也作了一番调查。

调查一："在家办公，做 SOHO 一族感觉不错！"

晓楠，女，二十一岁，北京人。她在大学里是大家公认的才女，从初中时就开始发表文章，北京某大学中文系应届专科毕业生。在大学期间发表过数十篇文章，毕业后直接选择做在家办公 SOHO 一族，是自由撰稿人。"其实很多人对撰稿人认识不对，以为赚不了钱。实际上，目前国内有正式刊号的报刊有一万多家，报纸的版面越来越多，杂志纷纷从月刊变成半月刊甚至周刊，对稿件的需求量巨大，加上媒体之间的竞争日益激烈，为了求得好稿，媒体开出的稿费也是越来越高，正是这种情况，给了撰稿人巨大的生存空间。大学期间我在国内某著名杂志上发表过一篇纪实稿件，只有六千字左右，您知道赚了多少？有五千多元稿费。可很多人对此很不理解。当我告诉我妈我决定在家办公，做 SOHO 一族时，我妈很惊讶：'什么？在家工作哪行啊？'后来陆续收到大额稿费的汇款单才让家人理解。虽然现在收入不稳定，一个月多的时候有三四千元，少的时候一个月还不到一千元，但我还会继续做下去。我很享受现在自由、快乐地在家办公生活，做 SOHO 一族感觉真不错！"

现在很多大学生毕业后选择自由职业，他们大多数是独生子女，家庭比较优越，生活压力比较小。

调查二："我是一只小小鸟，想要飞却怎么样也飞不高。"

磊，男，二十二岁，陕西人，今年广州某大学专科毕业，学的是机电专业。磊今年七月毕业后一直漂在广州，到现在他几乎跑遍了广州所有的人才招聘市场。他说不愿意回落后的家乡工作。为了供他读完大学，家里几乎花光了全部的积蓄，磊也以为自己大学毕业后，能在广州找到好工作，然后可以让家人欣慰。可现在……"我觉得没有脸见'面朝黄土背朝天'的父母了……"说到这里，磊的眼睛里泪光闪闪，流露出无限的痛苦和无奈，"为什么会这样？广州这么大，却容不下我一个大专毕业生？为什么？"

磊去过无数的人才招聘市场，但很少单位招聘专科毕业生，就算招聘了也需要有相关的工作经验。漂在广州，吃过多少苦，可能只有磊自己知道了，现在每当家里打电话过来，他都告诉家人自己在广州很好，就这样善意地"欺骗"着家人。磊不敢去想明天，也不知道自己还能在广州待多久，现在自己租的小平房马上就要交房租了，而他身上连吃饭的钱也快没了……磊说自己得早点睡觉，明天上午还有一场人才招聘会……

调查三："我的未来不是梦！"

宇晨：男，二十一岁，浙江人。今年北京某大学新闻专业毕业。"找工作？没想过呢，我觉得自己目前处在学习的黄金年龄，还不是工作的时候，如果现在就去工作的话，再去学习是会很难的。我比较务实，现在北京满街都是博士生、硕士生，他们找个工作尚且还挤破脑袋，一般大专毕业生如此要找一个令自己满意的工作就太难了。更何况我才走出大学校门，一点工作经验都没有，而北京的竞争的压力太大了。

当然在北京的确到处都是机会，可问题是全国的精英中的精英都在和你"抢一根骨头"，我现在唯一的方法是：充实自己的实力，目前的目标是下个月通过清华大学专升本考试。这是最实际的，我相信自己并不比别人差，只要自己努力，我的未来就不是梦。"

宇晨是一个开朗、自信的人。他说自己不会离开北京，北京是他梦开始的地方，他相信也会是他梦想成真的地方。北京让他变得独立和成熟。他已经深深地爱上了这座极具魅力的城市和这里浓厚的人文氛围。问他"在北京最大的收获是什么"的时候，他脱口而出地回答："豁达的自信和开阔的视野。"宇晨说："成功像天穹中闪烁的星星，虽然离我很遥远，却正在望着自己，相信努力可以改变一切。"

调查中发现许多专科毕业生，都非常优秀，他们也同样渴望理解，渴望成功。专科毕业生不一定比本科生差，只是需要您的发现和关注。

这是我第一篇获得如此成功的文章，后来我通过网上检索，发现近几年来，很多涉及大学毕业生就业、生存现状的论文文章等，甚至包括一些发表在国家级学术期刊的权威论文，文末引用的参考文献中，总少不了我这篇《专科生，你过得还好吗？》，也许是我的这篇文章写得比较详实、客观和准确吧。这样一来，一不小心，我也创造了一个小小的经典。

3. 商机：从市场趋势抓住一个赢利点

二〇〇三年年底，我的网站发展开始遇到了瓶颈，而最大的问题是我的网站并没有主要赢利模式。

当时，我的网站已拥有注册会员两千多名，日浏览量八万多，总浏览量已经超过了五百万，日访问我网站的独立 IP 也有五千。在首页上，我设置了近四十个栏目、近两百个首页文章链接。我首页和后台的留言也是非常之大，有纠错指误的、有提意见建议的、有请求友好链接的，说明大家仍是一如既往地对我的网站非常关注和支持。但是，我却有种越做越累的感觉，甚至感到有些心力交瘁了。

于是。我开始全盘考虑：怎样让我的创业转型，让我的网站起死回生，我这个网站能变成一个具有赢利模式的网站吗？

其实，站在创业的角度上看，办网站肯定是必须要赢利的，否则辛辛苦苦地创业就白干了，甚至连生存都有问题。一个真正具有赢利模式的网站，是与普通商品一样，有它的核心产品或服务的，并且这种产品或服务是确确实实存在的，而不是虚的。从最普通的角度来看，网站不去找个赢利点，那是没有底气向消费者提供什么的，要知道资讯服务、娱乐八卦等内容和所有的服务一般都是虚的，不能构成利润主体，因而网站也是不能赢利。所以，如果一个号称创业的网站，找不到自己核心的产品或服务并将它们转化成收益，而大部分会员也不愿意为你网站提供的信息支付费用的话，你的创业网站就基本上死定了，至少没有什么出头之日了。

我发现我的网站就陷入了这样一个困境。

幸亏我还有一些时不时寄来的稿酬支撑着，但我的两张信用卡也快到了透支极限。我尽量压缩着一切开支，对父母打来的关切电话，我却说："我过得很好，你们不用担心……"

是的，由于吃苦耐劳的性格和在北京打拼了多年的坚强，让我要不想让远在千里的家人担哪怕是半点心。我这也不是死撑局面假装坚强，只是我相信中国的一句古语："否极泰来"，这个词出自中国典籍《周易·否》和《周易·泰》，意思是逆境达到极点，就会向顺境转化；坏运到了头好运就来了。

接下来的日子，连我自己当初也没料到，我赢第一桶金的机会就悄悄游到了我身边。

二〇〇四年元旦刚过，我一边维护着我的网站，一边在网上的一些论坛上寻找写作素材，忽然发现一个并不起眼的信息:某中心出售一套名为《XX投稿大全》的投稿资料，该书分上、下两册有三千多页，XX出版社出版，定价一百多元。

看过这套书的广告后，剥去其中有些夸大其词的成分，敏锐的直觉仍告诉我：这是个机会，这是个商机，并且也许，这就是我获得第一桶金的机会！

之前我一边创业一边经营的，只是由于资料是我自己搜集整理的，限于时间、精力和专业程度，资料的全面性、专业性和准确性，自然比不上正规出版社出版的同类资料，销售量也有限，尽管取得了几千元的收入，但远远没有成为我网站的赢利点。

而现在这套《XX投稿大全》几乎就是我之前销售的"高稿酬报刊投稿资料"的升级版。也许会有人问：你原来经营类似的投稿资料并不怎么成功，更没有给你的网站带来赢利点，你怎么还要一条道走到黑，又想卖这个？

其实，商机除了要找对路，更要从对应的角度切入，了解某些行业的变化，从中窥出有利的方面。而我之所以又从这类投稿资料里看到了商机，是根据我得知的确切信息。

其一，二零零三至二〇〇四年，IT媒体称之为是"中国的宽带上网年"。在我国，二〇〇三年以前，由于宽带服务内容的匮乏和宽带运营水平的制约，宽带的普及一度遭遇了重重阻力。"有车无路"、安装和使用价格居高不下等问题，使消费者在宽带应用的巨大诱惑前望而却步。二〇〇三年以来，在电信、网通等宽带运营商和内容提供商的不断努力下，宽带普及的瓶颈被逐一击破，宽带服务行业日趋完善。据某些权威的咨询公司预测，至二〇〇五年，中国的宽带普及率将成为世界最高。其二，宽带的普及，让人们能够非常方便快捷地进行在线查阅资料、写作稿件和投送稿件，以及与编辑、写手的交流。当时的在家办公的SOHO一族和自由撰稿人继续活跃在写作、编辑、出版和媒体界，而且队伍有越来越壮大之势。而报刊媒体方面，光是报纸这一块，据专家推算，二〇〇四年全国就将有两千多种报纸，一年用稿量近一千二百亿字。报纸如果一年需用外稿七百亿字话，按千字五十元标准计算，就共需开出报纸稿费三十五亿元。而这其中如果有十分之一为自由撰稿人所得的话，那也就是三点五亿元。按一个自由撰稿人一年平均下来三万元稿费的收入，这三点五亿元报纸稿费，可以分配给一万多个自由撰稿人有这种"年收入"。何况还有比报纸稿酬更高的杂志稿酬。这种利好局面对自由撰稿人和写手已经起了很大的刺激作用。

其三，二〇〇三年七月份起，国家进行了一系列的报刊整顿，关停并转了一千四百多种党政报刊，其中停办了六百七十七种，划转了三百〇二种，实行管办分离的近二百九十种。而新增加的、大幅提高稿酬的报刊也有不少。报刊的变动不可避免地带来了其投稿地址、版面及栏目要求、责任编辑及其电子邮箱等等的大更新，而自由撰稿人等往往很难准确掌握的。网上虽然也流传有许多投稿指南，但绝大部分是过时资讯，一些文化公司和媒体组织专门队伍进行联系测试，网上那些泛滥的投稿地址特别是电子邮箱，基本不能应用。通过对某中心的咨询，我了解了这本《XX投稿大全》，正是在这次报刊整顿后重新编写的，因此资料可以说是比较新和及时的，加上由正规出版社出版，资料全面、权威，应该是广大自由撰稿人和写手迫切需要的。

其四，这本书洋洋洒洒两百多万字，上下两册一千余页，装帧精美、豪华大气，可算是一本大部头了。所以它虽定价一百二十元，利润空间很大，但批发侃价的空间也足足有余。经营得好，赢取这一桶金是没什么问题的。

我立即和他们取得了联系，表示愿意包销他们这套《XX投稿大全》，经过一番商业谈判，对方答应：他们也急于回笼资金，如果我在他们这本书要货一千套以上，就按每套十元的最低价格批发给我，并且货一发出，销不完也不能退还，自己消化。

　　应该说，这是个很好的机会了，我暗暗地算了一笔账：进他们这一千套书，我总共得付出一万元；书明码定价一百多元，即使销售不乐观，我按半价优惠处理一千套也能赚五万元，更何况我如果通过努力不一定要半价抛售呢？

　　既然看准了机会，我就开始准备了——这回我要有个周密的策划，不能拿到书就盲目吆喝最后又落得个听天由命。

4. 营销：用增值服务让顾客觉得物超所值

我和这个中心就代销《XX 投稿大全》一事，很快达成了一个协议，主要内容是：我负责以每套十元的批发价至少买下一千套，多买不限，可以分批提取，但每次必须先交款后提书。该中心可以继续销售此书，但不得与我的代销数量、时间和过程等有冲突。我的货源不得无故中断，或在合同有效期内提价。

白纸黑字的协议既分清了双方的责、权、利，又袒露了双方的商业诚意，还可避免以后的纠纷。

书拉回到我租住的地下室了，限于资金，我第一批只拿了两百套，但也像一座小山一样堆满了地下室的一个角落。而用于购买这批书的两千元中，由于我当时可用的大额资金也只有五百元了，因此有一千五百元还是向我一个当地朋友张先生借的。

我是在负债经营，说严重一点，是背水一战，是置之死地而后生了。这一次我不想有半点闪失：第一我不想这一千多套书（预算上后来将要进货的），砸在自己手里；第二我不想最低要赚的那五万多元钱或者最高要赚的那九万多元，砸在别人手里。

其实那时候，不但我在代销这套书，还有很多单位、个人在他们的网站、博客和实体店里销售这套书，只不过我的进货量以后将会以海量计，赚钱的空间增大但同样风险也会成倍增加。

要盖过这些竞争对手，我就必须要独辟蹊径，在出售这套书的同时尽可能多地为顾客提供附带的增值服务，让他们觉得出钱买了这套资料很是物超所值的。

于是，我经过几天的奋战，又作了如下准备：

1. 我把我原来经营的那套自编的"高稿酬报刊投稿资料"，重新整理更新。

2. 网站的高级会员无条件签约中文在线正式签约作家的授权。

3. 从 XX 软件方面合作，购买了正版的 XX 群发软件。

4. 加大我的网站的更新和维护的力度，推出高级会员制度，网站面貌焕然一新。

二〇〇四年元月下旬，我开始在各个网站营销此书。那时三个网站的浏览量和点击量已经是比较大了，以优惠价购一套书送多种增值售后服务的营销广告推出后，很快引起了比较大的反响，加之我又在其他网站论坛进行销售宣传，于是咨询汇款者络绎不绝，这套书，终于成为这阶段的主要盈利点！

两百套《XX 投稿大全》不到半个月，就按我原定的一百元每套销完了，我也获得了第一批收入两万元。有了第一笔周转资金后，我还清了张先生的那一千五百元，又拿出了一万多元继续进货，提了一千多套书。

当那个中心发书的人看着我雇用了两辆平板车，拉着满满两车的大部头书籍驶向我租赁的临时仓库时（这么多书地下室是放不下），惊讶地对我说："你真的想一口咬出个胖子？这么多书你万一销不完，那你岂不会亏惨了？"

我没有理会他的担心，只是笑着丢给了他一句话："只要我能想到，我就一定能做到！"让他琢磨去吧。

5. 第一桶金：从五百元到十万元

其实，在销售第一批书籍利润达到一万多元以后，我就一边继续销书，一边着手开始为下一步更加宏大的销售活动做准备。

从这本书的销售情况看，我知道我的网站商业宣传起到了很大的作用，但是，有一句话说得好："酒香也怕巷深"，要再进一步扩大销售量，获得更大的利润，就得更进一步加大宣传力度。

于是我开始着手做四件事。

第一件事，我找到了北京一家杂志社，首先说明我的网站愿意跟他们合作，可以长期免费宣传他们的杂志和活动，利用我网站的人脉资源，为他们拉广告、征订等；然后希望能以优惠的价格在杂志的上、下半月刊各刊登一次文字广告，最好是下月见刊，可交加急费。

我要刊登的就是《XX 投稿大全》的文字广告，限于杂志版面的篇幅和我的广告类别，杂志上的广告自然没有网站广告那么详细，但我把主要的卖点都突出了开来，如强调这本投稿大全是报刊整顿以后最新最准确的，强调了我的八大增值服务和售后服务。

由于我的宣传营销准备工作做得环环相扣，加之态度友好、合作诚意十足，杂志社方面比较满意，这次广告我花费得并不多。

第二件事，我以网站招聘文员的职位，找到了一个女孩，预备将来一旦书籍销售呈井喷状态，我忙不过来时，她能当我的助手。这个女孩也是大学应届毕业生，我平时和她有过点头之交，通过观察，觉得她性格好、心细、能吃苦耐劳，而且女孩作网站的客服人员是最佳不过的了。当然，通过"面试"后我也一本正经地告诉她，月薪可以开到两千元，不过等我们网站这个项目运作起来后，你再来上班是最好的。她高高兴兴地回去等消息去了。

天有不测风云，从某个角度来说，商场上的事都不能百分之百打包票的。我第一批书销售红火，但不等于接下来的销售就能完完全全打胜仗，心里既要有胜利的把握也要有万一失败的考虑。如果接下来我的书籍销量突然不如人意的话，助手这个职位也就可以免了。

第三件事，我到北京市朝阳区就近的邮局申请了一个邮箱，便于邮局正规而有效地处理我的邮件业务，使我的营销渠道畅通无阻。

第四件事，二〇〇四年的春节是元月二十二日，但登我广告的杂志，其上半月版估计元月九、十日就可以上市，下半月版则推到了春节以后。在这期间，我除了继续加大《XX投稿大全》的宣传力度外，还精心组织了一批撰稿人关注的相关文章来不断更新网站内容。如春节在即，放假以后，很多撰稿人特别是业余、兼职撰稿人都会利用春节假期这难得的闲暇集中写出一批文章，以备节后广种多收。于是，我便在网站推出了这样一篇文章：《春节期间，稿费收入别太惨——给你的自由撰稿做个全程规划》。

春节长假到了，抛却繁忙的工作、紧张的学习，假日正是文字爱好者写稿致富的大好时期。那么精明的自由撰稿人，如何合理利用春节长假有的放矢地写稿投稿，以使稿酬收入在春节过后有大幅度的上升呢？

首先适当地延长工作时间是合理的。一个上班族每天的工作时间可能是法定的八个小时，但是在大城市，每天耗费二至三个小时用于上下班的准备和在途过程是非常普遍的，而在家办公（SOHO）则不存在这方面的问题。在家办公如果每天能轻松地坚持十个小时，那么较之八个小时就增加了百分之二十五的工作时间，这样做的好处是：第一，与上班族总的工作时间相当，时间没有无谓地浪费在其他方面；第二，更重要的是可以利用这百分之二十五的工作时间多出效益。

工作内容可以自主选择，要体现SOHO的特征。如果平常在公司里，可能会不得不被动接受指派的任何工作，有的时候甚至承担的是低增值的工作，春节假期里则有了改变的机会。当然作为本来就是一个没有固定工作的自由职业者，如果真要拒绝一项找上门来的工作机会，的确有时存在一个心理考验，即一开始的时候，很难拒绝外部或者远程的工作机会，害怕以后同样的工作机会会受到连累，所以即使工作内容对自己来说不太合适，也硬着头皮去做。

其实 SOHO 一族在初入此道的时候，就要考虑到这个问题，即要学会适当拒绝。远程工作从某种意义上来说是，也只是工作岗位的转移，一旦这个工作岗位和工作机会，从高薪酬待遇的区域转移到了低薪酬待遇的区域，对自由职业者的收入是很不利的。

当然，反过来说，比如说自由撰稿人也要积极寻求服务于高薪酬待遇区域的机会（如多关注高稿酬报刊），而购买一套《XX 投稿大全》并充分利用它和我们的增值服务是个极佳的选择。本网站推出的《XX 投稿大全》是一套改变写稿人、荐稿人命运的书！它详尽地介绍了全国各地接受自由来稿的报刊的投稿荐稿的基本方式及注意事项，并根据稿件的不同类型，分别介绍了提高投稿命中率的技巧和种种投稿赚钱的秘密。

最后，还有一些因素对最终薪金比原来减少一些也是合理的，毕竟假日期间支出会比原先少，因为在家中工作较之在公司工作。总是会少一些开支，至少是节省了上下班的地铁票，如果不喜欢和同事之间的相互应酬，那么这方面的支出也节省下来了。支出减少也可以理解为是收入的增加，生活水准没有受到影响。

我的这些准备做得充分而周密后，随着春节长假的来临，人们得以从紧张繁忙的工作中解脱出来，尽情休闲，各种杂志的销量成倍增加，而纸质媒体广告从某种角度来说，比网络广告权威度、可信度高，受众面广，并且易于在特定的人群中传播和收藏。因此春节头尾里我的《XX 投稿大全》在杂志上的两次宣传后，这套书的销售突然呈现了一种连我都意想不到的火爆场面，从开始的日销十套很快飙升到了日销五六十套。

生意来了，我自然不敢怠慢，让助手小 Y 首先把每个购书的读者的姓名、省市、详细地址、其他特点等都录入电脑，我要让每个顾客都成为我以后潜在而稳定的客户。然后请她每天帮我给书加包装，写寄达地址，再一起拉到邮局去寄送；或写好名址后通知快递公司上门收寄。面对每天络绎不绝、纷至沓来的咨询电话和邮件，小 Y 也总是以客服人员的身份、以女性特有的细心和周密，耐心解答、排惑解疑，尽力留住每一个有意向的客户。

那是一段很累很忙的日子，我和小 Y 每天就是不停地写邮包、寄邮包，回答客户咨询的各种问题，并不断地扩大着新的客户；那是一段很让人感慨万千、思绪如潮的日子，因为我几年来含辛茹苦艰难的创业，终于有了实质性的、令人激动的回报，我的创业小有成就；那是一段很开心很快乐的日子，因为我每天都会被十几张、几十张汇款单"骚扰"，我两个信用卡上的金额在不断增加。

二〇〇四年二月底，我春节前夕进的一千余套《XX 投稿大全》，以每套一百元的价格（比定价优惠了二十元，但和成本价相比，每本赚了九十元）基本上快售完了。忙碌之余，清算了一下我收到的汇款单和信用卡上那一串串的数字，望着电脑上显示的计算结果，我简直不敢相信自己的眼睛了：这第一桶金，我足足赚到了十万元！

当然，在二〇〇四年，在北京这个国际化的大都市，在竞争激烈的商战中，十万元也许并算不得什么很大的资金，在我如今看来，也不过是普通的一笔单而已；但是这十万元的意义在于，是它，让我一举甩掉了昔日穷困潦倒艰苦创业的帽子，开始用自己全新的资本全新的努力创造一个又一个的财富！这因抓住商机而获得的十万元也告诉我：我必须时刻保持赚钱的状态，必须努力赚钱，彻底远离贫穷，到时把父母都接到北京来，让他们过上一个幸福开心的后半辈子。

我按承诺给助手小 Y 开足了两千元的工资，又因春节期间我这生意红火，使她抽不出身回家过年探望父母家人，我又额外支给了她一千元奖金，并放她十天假让她回家一趟。"言必信行必果"、"善待生活善待员工"应该是一个好老板的基本职业素养。后来，小 Y 一直跟我做了下去，成为了我网站的一个忠实员工。

第四章

Chapter 4

互联网，
只给有心人准备

1. 网上金矿，是给善于发现的人准备的

自二十世纪九十年代以来，国际互联网技术迅猛发展，信息高速公路势不可挡，使得网络信息技术得到了前所未有的飞速发展，信息的处理和传递，从此也不再受限于时间和地域，网上贸易、电子商务等新兴贸易方式已成为全球最热门、最活跃的信息交易活动。

一九九八年，被公认为是国际上的"电子商务年"。这一年，电子商务在全球发展迅猛，大约每九个月其交易额就会翻一番，成为全球最热门、最活跃而又最时尚的信息交易活动。据统计，一九九四年全球电子商务销售额为十二亿美元，一九九七年达到了二十六亿美元，增长了一倍多，而一九九八年达到五百亿美元，比一九九七年增长了近二十倍。最近联合国发表的一份报告表明，二○一○年全球电子商务销售额可达一万亿美元，而其中有三分之一的全球国际贸易将以网络贸易的形式来完成。艾瑞咨询和淘宝网联合发布的《二零零八年度网购市场发展报告》显示，二○○八年中国网购市场的年交易额，第一次突破了千亿大关，达到一千二百亿元，同比增长了百分之一百二十八点五，增幅也同比上升了近百分之四十。由此可见，电子商务有着巨大的市场与无限的商机，蕴含着现实和潜在的丰厚商业利润。

因此，互联网上就像蕴藏着一座座金矿，总是充满奇迹，它们集无数创业和就业机会于其中。而通过互联网"淘金"也并不是一件很困难或麻烦的事。不过，

当您已经拥有了当今成熟的网络技术平台（先进的电脑和网络设施），也已经拥有交易赚钱的欲望（希望网上创业成功），您也想在网上淘金热中做出自己的特色，那么，最后您得要有一个善于把握网络、发现机遇的头脑。

互联网的金矿，从来只给有心人准备，是给善于发现的人准备。

当年二十六岁的美国青年凯尔·麦克唐纳在互联网上的一次淘金经历却与众不同，因为他发现了在网络交易的一个特点：人们更注重的是物品的需要性而不是大小、价值之类，这里大有金矿可挖。因此他演绎了一个普通人是如何通过网络实现自己的目标的。

凯尔·麦克唐纳有一枚特大号的红色曲别针，是一件难得的艺术品。为了通过这枚曲别针交换些更大更好的东西，二〇〇五年七月，他在当地的物品交换网站上贴出了以物易物的广告。很快有两名妇女用一支鱼尾形圆珠笔换走了他的红色曲别针，之后艺术家安妮·罗宾斯用一件骷髅头把首饰品换走了鱼尾形圆珠笔，接下来麦克唐纳经交换后拥有的东西越来越大，价值也更多：一台旧的家用型发电机，一个有纪念意义、装满啤酒的啤酒桶外加一张欠单，一辆雪橇摩托车，一个免费度假安排……最后，麦克唐纳从一位音乐家那里得到了工作室录制唱片的一份带五十个小时录音和五十个小时混音制作的录音棚的合同书。麦克唐纳把这个机会给了凤凰城一名落魄的歌手，歌手感激涕零给了他一套双层公寓一年的免费使用权。之后与著名摇滚歌星艾丽斯·库珀一起喝下午茶，电视演员科尔宾·伯恩森在新片中为他提供的一个演员角色。

二〇〇六年七月，麦克唐纳经过历时一年、十六次物物交换，最终不仅实现了换房子的梦想，而且还与兰登书屋公司签订了出书协议，并把电影拍摄权卖给了好莱坞梦工厂。

麦克唐纳最后的成功，是因为他的故事引起了加拿大萨斯喀彻温省基普岭镇的注意。当地决定给麦克唐纳一套房子，这样就可以使这个仅有一千一百四十人的小镇吸引社会注意力，解决人口锐减的难题。这样，麦克唐纳的交换经历，以得到属于自己的房子而画上了一个圆满的句号。

麦克唐纳之所以能用一枚小小的曲别针，通过互联网最终挖到属于自己的房子这样一座小金矿，就源于他首先发现了他人的价值需求并有针对性地去满足他们的需求；其次他最大限度放大自己的关注度；最后他恰到好处地掌握了好奇与欣赏这一行动得以成功的强大催化剂。物品本身所具有的功能价值总是有限的，但是一旦融入了社会价值的因素，物品功能价值就有可能被无限放大。而社会价值中，公益性始终是最被认可与尊重的元素之一。

2. 网上金矿，是给勇于尝试的人准备的

网上淘金也好，网上创业也好，归根结底要做到一点：要敢于尝试一切新的东西，尝试了，才知道行不行。现在的很多人不愿意自己创业，就是怕冒险，不敢尝试。但很多成功的创业者都有这样的深切体会："每个人都有自己的梦想，但并非每个人都曾经尝试一步步走向梦想，如果连尝试都不敢，就不可能成功。机遇来了，就要看你是不是一个有准备的人，当然敢冒险不代表不要有'风险意识'，要能承受住风险和失败。"

二十世纪九十年代初，在美国麻省理工学院继续攻读物理学博士后的张朝阳，不想继续搞研究，便开始实施自己的转型计划。他努力争取到了麻省理工学院亚太区中国联络官这个职位，让他有机会频频回国。两年后，张朝阳越来越清晰地感觉到互联网经济的商业与社会价值，他决定回国创业。

他找到了 ISI 公司总裁，计划利用新兴的互联网技术创办新的事业。总裁很支持他的想法，于是张朝阳融资一百万美元，开始用互联网收集与发布中国经济信息，为华尔街服务。

一九九六年十月，刚刚拿到麻省理工大学物理学博士学位的张朝阳经过几个月的奔波，终于获得了来自《数字化生存》作者尼葛罗庞蒂等人二十二万美元的天使投资，成立了爱特信公司。与当时中国为数不多的几家互联网公司不同，张朝阳并没有去做系统集成等企业服务，而是又尝试了一个当时来说是新项目

了——做一个网站，做一个真正的消费者平台。

一年之后，当网上的网站日益增多时，张朝阳意识到"与其跟人家合作，还不如把一些网站列到那里"。一九九七年十一月，链接开始成为爱特信网站的首页，而当一九九八年二月搜狐正式推出的时候，它已经是一个完全的分类搜索网站了。

"搜狐一出来就站在了中国互联网革命的核心地带，触及到了互联网的本质。"张朝阳事后这样评价当时自己向搜索的转型。

后来在经营搜狐的同时，他一半时间都在全世界进行融资工作，在不被控股的情况下说服投资人，得到了二百一十万美元的投资。

然而搜狐在纳斯达克上市后，二〇〇〇年的互联网正处于低潮，搜狐的股价一度跌到了一美元以下。从一九九八年到二〇〇一年，这三年间的搜狐历经磨难，面对不能盈利的质疑，张朝阳为了收入进行了诸多尝试。"我们真的跟无头苍蝇似的，什么赚钱做什么，甚至想回头做系统集成。"幸而借着二〇〇二年短信的崛起，搜狐率先盈利了。

二〇〇三年，从生存线上缓过劲来的张朝阳开始反思，并开始了对新领域的继续尝试。二〇〇四年，搜狐推出独立域名搜索引擎搜狗；二〇〇六年，搜狐推出世界首款互联网输入法搜狗拼音输入法，将中文输入速度提高了两倍，并引起了包括国际巨头在内的竞争对手的模仿甚至"抄袭"；二〇〇八年元月起，搜狐宣布推出拥有开放平台的搜狐博客，网民可以建立一个将所有网络服务集中到一起的个人空间，享受到由各个服务商提供的网络服务。

3. 网上金矿，是给能坚持到最后的人准备的

如果你网上创业选定了某个创业项目并且做了下去，就一定要坚持到底，切忌举棋不定，朝三暮四。甚至今天做短信、明天做购物，一天一个新花样，看到别人做什么很火就要做那个。当然，创业的坚持到底也并不是说，就要不顾一切盲目地干下去，明知道没有希望还硬撑着。而是说，创业的时候一定要考虑清楚，全面考察其可行性。一旦着手开始创业，就要按着预定目标走下去，不到万不得已，不要轻易放弃。

很多成功的网络创业人士，在创业时都遇到过这样或那样的困难，但他们之所以成功，差不多都具有这八个字的精神："坚持下去，永不放弃！"

中劳网创始人兼 CEO 周文华二〇〇六年五月创办中劳网的时候，没有资金、没有人脉、没有资源、没有模式，靠的是与几个志同道合的朋友捆在一起努力打拼，几生几死地坚持了下来。创业之初，为了节约费用、降低成本，创业团队从来没有到外面吃过饭，总是大家轮流做饭；资金最困难的时候，有半年大家都没有领过工资，生活就靠各自的信用卡来维持。对于创业最大的感悟，周文华当年在博客中写道，"耐力比激情更重要：经营公司不是百米赛跑"，"必有懂得'舍得'：人生充满诱惑，都坚持自己的原则走下去是最为可贵的。"

4. 互联网淘金三点最重要

和十年前相比，互联网的发展越来越迅猛，网上淘金的机会也越来越多，但是由于现在互联网巨头的翻云覆雨、草根的风起云涌，互联网创业的竞争也愈来愈激烈，对互联网创业的要求比十年前、五年前要困难了许多倍。

但是，机遇与困难是并存的。随着社会功能的日益复杂，人们对理想生活的不断追求，所需要的产品和服务也越来越多，创业的机遇肯定也是会越来越多。但目前创业者最重要的一点是要创新，就是要做与众不同的东西。互联网发展这么多年来，所有在自己的领域里成功的公司，如百度、腾讯、新浪等公司，虽然它们成功以后成为了互联网吸金的巨头，但是当年它们做搜索、在线通讯和最大的海外华人网站的时候，根本没有多少人介入那些领域，它们都是看准目标后，在创新中摸索着前进的。

百度 CEO 李宏彦谈到百度的成功时说，"搜索是百度成功的所有秘密，这是互联网用户最常用的服务之一，越来越多地影响着互联网产业，百度就是一个明证。"腾讯的 CEO 马化腾，在创业后不久就得到了 IDG 和盈科数码二百二十万美元的风险投资，但他也很清楚，光靠国外的风险投资是不够的，要想办法通过免费的 QQ 从客户身上挣钱，因为如果每个用户哪怕是愿意花上区区几元的话，腾讯用户加起来就也要好几亿元的收入了。于是马化腾便推出了 QQ 秀系列产品。所有注册用户都可以得到腾讯一如既往的免费服务，以满足其即时通信需求，而

想享受到更具诱惑力的体验性增值服务，就必须付出相应的费用。这一针对时尚男女丰满的腰包而生的措施，终于使腾讯逐步走上了健康发展良性循环的轨道。

所以，今天要在互联网上淘金甚至挖金矿，首先要用自己独到的眼光和观点来观察网络，寻找新的赢利点。重点放在目前看起来很冷门但是未来可能做到甚至可能大有商机的项目，甚至如果你都不知道它未来是个什么发展，但只要你对它有浓厚的兴趣，觉得它很有意思，你就也可以在它身上试着挖掘卖点。某些项目也许现在关注的人不多，但是只要它从中蕴含了商机，有创新，有发展前途，你就应该坚持下去。

著名的成功学大师陈安之总结了创业的三大铁律，其中第一大铁律是要"眼光好"，网上创业同样也是如此。所谓"眼光好"，总结一下我们就可以分成以下三点：

第一点，是我们要掌握网络创业的发展趋势而且要看到最大的趋势是什么。这一点，微软的创始人比尔·盖茨二十五年前就是我们的榜样了。比尔·盖茨二十岁创业的时候，全世界最顶尖的电脑公司是 IBM（Internarional Business Machine，国际商务机器公司），其总裁汤姆·沃森曾经是世界首富。当时 IBM 生产的一台电脑有一座房子那么大，面对的顾客也主要是公司。后来，美国的史蒂夫·贾布斯创办了苹果电脑。苹果电脑叫作 Applepc，其中 pc 代表的就是 personal computer 即个人的电脑，说明电脑已经做到了桌面大小。所以贾布斯在二十四岁的时候，曾经资产一度高达五亿美金，那时候他是全美年轻人欣赏的偶像、崇拜的对象，而那时的比尔·盖茨，还在默默无闻地创业。但是比尔·盖茨看到了电脑以后的发展趋势，没有跟汤姆·沃森和史蒂夫·贾布斯一样也去弄电脑开发，而是成立了 Microsoft（微软公司），专心致志地开发个人电脑用的微型软件（包括 windows 操作系统）。二十五年之后，贾布斯的身价超过了十亿美金，但是比尔·盖茨的身价是他的六十五倍——超过了六百五十亿美金。因为现在全世界有上亿人在使用电脑，未来还会成倍增长，电脑已经深深地根植到都市人的生活中了。但百分之九十的电脑使用的都是比尔·盖茨的 windows 系统和他的软件。所以，比尔·盖茨赚得盆满钵翻。而令人嫉妒的是，他成为世界巨富并不是靠的如何努力、如何推销，而靠的是二十五年前他捕到了全世界最大的趋势——电脑时代必将到来，而绝大部分电脑都会离不开他的 windows 操作系统。

第二点，网上创业项目，至少市场要大，不能只吃到一个点，而最好能全面出击，有多个赢利点和赢利方式。其实网上创业的市场是很大的，光一个网络购物市场，据统计截至二零零九年底，中国网购用户规模突破一个亿，而中国人口总数为十三亿，理论上说还有十来亿的用户，是需要网购而还没有开始网购的，这是一个巨大的市场。关键是将自己的市场扩大。

第三点，就是要从事竞争对手少的行业，越少越好，所谓"独家生意最好做"。国内知名的品牌专家余明阳对竞争对手少的行业都有他独特的理解："我身边总有企业家抱怨自己所处的行业太'微利'。殊不知，正是因为'微利'、'眼红'的人也少，企业才少了很多竞争对手。"如果真的做到了独家，那么你的市场就真的到达了《孙子兵法》里面最高的战略——不战而胜。

现在随着社会分工的越来细化，以及人们对生活的要求越来越高，一些竞争对手较少的新兴网上行业也应运而生了。

如经济衰退，严重打击了那些时尚人士花费大价钱去装点自己的门面，于是澳大利亚便产生了一个新的行业——网上租衣。时尚人士可以在网上租到名牌服装和饰品，也可以买到一些二手货。

网站的创始人 Simonne Santana 称，由于受到裁员和减薪的冲击，现在大家都在衣食上降低开销，学会如何聪明地花钱，所以租衣无疑成了一个好点子，并且将成为一种趋势，该网站目前有五千名会员，这些会员可以租到一些全新的服装，但也有很多是别人穿过的，一些设计师品牌还提供折价出售。网站现在出租的服装范围从校园服装到各类专业制服，可谓种类很多。除了衣服，还可在这里租到鞋子和包包，像令人向往的 Prada 鞋子和 LV 以及 Chanel 的包包都可以在这里被租到。

又如随着网络购物的兴起，网店规模的逐渐增大，许多网店店主单打独斗已经无法应对每天的交易。他们开始四处寻找网上"营业员"。于是，一个新的职业从网上诞生——网店客户服务员。

网店客服通过网聊工具、电话，解答买家问题；或专门帮助买家更好地挑选商品；或专门接待投诉，专门帮店主打包等。据了解，分工专业化的网店一般都会聘请二至四名网店客服，更有规模大的，网店客服队伍已经接近百人。

但由于网络购物还属于新兴行业，相关的职业培训和就业市场都没有建立，所以许多网店店主为到哪里去找合适的客服担忧。网上客户市场竞争对手相对来说，也算是较少的。

而相对于网店而言，代表消费者这一方，网络上也出现了一个新兴职业——网络砍价师。

所谓网络砍价师，主要就是指那些通过网络平台了解消费者需求和组织团购，并负责代表消费者与商家进行讨价还价的人员。这些人往往具备在某个行业多年的从业经验，对自己要砍价的产品信息和相关市场动向了如指掌，且熟悉电子商务和基本网络技术。

据一些相关人员对网络砍价师的了解和调查，网络砍价师每一次团购砍价会之前，总会与愿意参加现场砍价活动的商家谈判，达成一个共同的价格底线。"我们去'砍'的都是一些可以触碰的利润空间，"网络砍价师说，"实际上，单价的适当下降很可能带来总的订单量的上升，商家说到底还是赢家。"而商家看中的也正是砍价师以及他们背后的团购网所积聚的大量人气，有时候一场团购砍价会下来，订单量比平时翻了五六倍。

目前网络团购和砍价在沿海地区已经相当成熟。据称，一般职业网络砍价师月收入在三千到四千元之间，而东部的一些资深砍价师月收入甚至都在五千元以上。

所以，有志于网上淘金创业的人，首先要记住和分析以上三点。只要有心，总会找到有潜力有前途的创业项目。但积极探索新的项目时，首先要注重独创性，忌讳东施效颦，也就是跟风，看到别人网上弄什么项目有前途，也一阵风似地跟上去了，创业失败的几率就会至少增加百分之三十。如果永远都跟在别人的屁股后面走路，那么即使得到了什么，也将永远是前面的人弃而不用、没有价值的赝品。当然，创业也不完全反对模仿，但是我们应该想到和看到的是，这个人为什么要走那条路而不是这个人走的是哪条路，学会了他判断问题的思维方法和技巧，再在网络创业上挖掘出属于自己的东西和前景来。

第五章

Chapter 5

想法就是资本

1. 决定创业成功的关键因素之一——创意（想法）

　　人类发展的历史，也就是一部不断创新和创业的历史。人类不断以自身的努力和对科学技术的掌握，逐步把从前美好的幻想都变成了现实。中国古代就有"千里眼"和"顺风耳"的幻想，人类进步到科技时代后，"千里眼"由电视实现了，而"顺风耳"则由电话实现了。

　　异想天开的想法能实现人类的梦想。二十世纪初，美国的莱特兄弟凭着对飞行的执著追求，和"人类也能像鸟儿一样飞翔"这种当时不可思议的想法，终于于一九零三年十二月十七日，用他们组装的机械，首次完成了持续滞空不落地的飞行，因此发明了世界上第一架实用飞机，实现了人类千百年来自由翱翔天空的梦想。一九零六年，他们的飞机在美国获得专利发明权。一九〇八年，莱特兄弟在政府的支持下，创办了一家飞行公司，同时开办了飞行学校，从这以后，飞机成了人们又一项先进的运输工具。

　　超前而敏锐的创意，能让人抓住商机，成就事业。一九六二年，弗雷德·史密斯考入耶鲁大学，在大学里，他凭着一名优秀企业家的潜在素质和特有的直觉，预见到美国工业革命第三次浪潮将依靠电脑、微处理机及电子装备来维系，而这些装备的维修则要靠量少价昂的组件和零件及时供应，而有关信件、包裹、存货清单也需要在尽快的时间内获得。但对那些从事技术的公司或者依赖信息的公司来说，传统的邮政传递和货运公司，在可靠性和时效性上都远远不能满足他们的要求。于是在美国的运输市场上，急需要一种能够保证快速、可靠地传送货物的公司出现。被誉为"隔夜快递业之父"的美国著名企业家——弗雷德·史密斯，敏锐地看到了这一难得的商机，在美国历史上首创了"隔夜快递"这一新兴的服务行业。之后，他的"隔夜快递"被风险投资家看中，创办了"联邦快递"。如今，"联邦快递"已是全球最大的快递运输公司，为全球超过二百三十五个国家及地区提供快捷、可靠的快递服务。它设有环球航空及陆运网络，通常只需一至两个工作日，就能迅速运送时限紧迫的货件，而且确保准时送达。

触类旁通的想法，改变了人们的日常生活。一九八二年九月，电子邮件之父大卫·克罗克 (David H Crocker) 观看了一部科幻电影《巴萨洛的未来》，电影讲一群地球移民去人马座，利用相对论原理飞船的速度已经超过了光速，但是信息传递的速度却没有飞船快，于是人们的沟通成了问题。有感于这种地球的现实，触类旁通的大卫·克罗克萌生了要发明一种"会飞的邮件"这样一种看似离奇的想法。于是他在为美国国防部资助的阿帕网 (ARPA) 研究机构工作时，逐步开发了电子邮件系统的雏形，并且在上世纪八十年代发明了商用的电子邮件系统。二〇〇四年，IEEE(美国电气和电子工程师协会) 授予了他互联网贡献奖。如今电子邮件已经成为现代人必备的网络通讯工具了。

当今网上创业的项目虽然如过江之鲫，但真正有创意有想法的项目并不太多，大多是一些传统项目的网上延伸和某些大众创意项目的简单复制，很难在其中找出独特的商机。

但是创意创业的项目不多，也就意味着创意创业的机会很多。实际上，知识、想象力和创意已经成为了当今全球经济增长的新动力。目前全世界创意产业每天创造的产值高达二百二十亿美元，并正以百分之五左右的速度递增着。

什么是创意产业？所谓创意产业，就是指那些从个人的创造力、技能和天分中获取发展动力的企业，以及那些通过对知识产权的开发可创造潜在财富和就业机会的活动。

创意并不是一定是天才或脑细胞特别发达的人才想出来的，只要你善于观察生活，生活到处都是创意点，都是商机。

请看下面这些创意产品：

能戴在手指上的电子测距仪。许多度量单位的起源都和人体有关（如英语中

的 "feet"、"yard"，还有汉语中的 "丈"、"尺" 等等），受此启发，设计师设计了一款能戴在手指上的电子测距仪。这套装置由用来测距的指套和充电器组成。使用起来也非常简单：在任意两个手指上分别带上测距器，当确定要度量的距离后，按下其中一个手指套上的 "测量" 按钮，其距离的数值便会以 LED 灯形式显示在其表面，而且还可以在米、厘米、英寸等单位之间随意切换。它的工作原理也很简单：一个指套上配备有激光发射器，另外一个指套在接受到信号后，再处理成数字信息。这套装置非常人性化，手指套内层带有柔软的硅胶材料，可以满足不同人、不同尺寸手指的佩戴。

需要 "封口费" 的闹钟。这是一款贪钱的闹钟，早晨当它按时响起起床铃的时候，要么你及时起床离开它的聒噪，要么就投枚硬币进去 "购买" 一点赖床时间让它闭嘴。否则，无论你是摔是打，是拍是摁，都不能让它停止吵闹！除非你不要它了，把它丢得远远的。从小闹钟索要 "封口费" 这方面来说，它又有了一个新的创意：成了一个小储蓄罐了。如果你设计出了这样一款产品，或你的网店进了这样一种产品，那里追求新奇、时尚的网购一族，谁会不想买上几个？

可以佩戴在手腕上的超薄电脑。这是设计师 Hiromi Kiriki 设计的一款新概念电脑。这种电脑竟是采用腕戴式，平时可以卷成环状戴在手腕上，并且还可以通过类似屏保这样程序将之变成一个活动的装饰品，甚至在夜晚都能炫得闪瞎别人的眼睛。而一旦需要电脑工作了，立马可以展开它变成一台平板电脑——通过现场的视频展示，至少在当今的显示技术上，这种超薄显示器变形并不存在难点。另外，当它处于平板电脑模式时，还可以通过内嵌的键盘和触摸屏两种方式进行输入，而画面的输出，即可以通过显示屏进行显示，也可以通过内置的投影仪进行大屏幕的展示。当然这还只是一款概念产品，连设计师都认为，我们要用上这样的电脑，至少得要到二〇二〇年。

不要认为创意产品都是一些高精尖的科技产品，或一些需要专门技术的产品，其实生活中只要你留意，处处都有创新的空间；你没有产品可以创新，还有服务可以创新。

如对于喜欢疯狂购物的人来说，一次提多个购物袋手会被勒的很疼。韩国设计师 Hyo-eun Kim 和 Eun-seok Kim 就设计了一个叫作 Tube Grip 的小产品，它是一个充满气体的聚氯乙烯物体，把购物袋的提绳套在上面，就能增大受力面积，手就不会被勒疼了。这个产品也非常小巧，能装入钱包里面随身携带。

再比如人们常说"时间就是金钱"，其实时间也是商品。人们越来越多的休闲生活，为市场提供了商机，诸如快餐店、快速印制名片、快速扩印照片、快速刻印等服务，因为能让人省下时间，所以大受消费者的欢迎。有很多网络技术人才必须废寝忘食，才能跟得上科技的飞速发展，他们常常早出晚归，累了就在电脑桌下睡一会儿。一家公司老板看准了这个商机，做起超时服务生意，他周到地给每个人发了一个折叠床，就放在电脑桌下，工作太累了就在那儿躺一会儿，醒了又继续干，饿了就到该公司开设的咖啡餐厅去买点东西吃。这种既创新又方便现代白领的超时服务便应"市"而生了。

在成都，一种全新的办公室出租模式"虚拟办公室"亮相，不少创业者花上较低的租金，就可以在需要的时候带一台笔记本电脑到豪华气派的高档写字楼里办公，而且离开后都还可以享受到专业团队提供的秘书、传真、上网、邮件快递等服务，受到了不少创业初期的小老板的欢迎。因为一般的高档写字楼，至少都是一百元/平方米/月，再加上物管费、水电费等，二十平方米的办公室每月开支至少二千五百元，而入驻这样的虚拟办公室每月的租金只需花费几百元。目前"虚拟办公"已风靡北京、上海等城市，并且发展越来越快。

所以，当许多人还在为创业没资金、没技术而大伤脑筋时，有那么一群梦想家，早已凭着敏锐的市场嗅觉和新奇的商业创意，从普通创业者摇身变成了日进斗金的创业家。现在当红的网络创业，就是个前所未有的崭新概念，而且投资可大可小，因此依附在网络上的第一波新兴事业，如第一家网络书店、第一个搜索引擎网站、第一个拍卖网站等，都是开启商业新视野的经典范例，甚至吸资能力所向无敌。一句话，只要点子好，就可以在网络出头。在我们每个人周遭，俯拾皆是创业商机。而那些成功案例，让越来越多的创业者意识到，一个一闪即逝的灵感，也能成为梦开始的地方。

2. 想法就是资本

一个人能不能只凭借一个创意、点子和想法创业？答案，是肯定的。当然，这些创意、点子和想法必须标新立异和有商业价值，至少在打算进入的行业或领域内是个创举，只有这样，才能凸显出这种创意、点子和想法的力量，抢占市场先机，进而吸引风险投资商的眼球。当然，这些超常规的创意、点子和想法还必须具有可操作性，而非天方夜谭。对于一个本身没有很多资源的创业者来说，想法就是资本！你只要有一个独特的、别人意想不到的创意、点子和想法，推广开来，你就能获得各种资源，包括资金、人才等。

有些人提到创业雄心勃勃，但提到创意、点子和想法，就觉得有些虚无缥缈，甚至认为是无从入手。其实作为创业模式，以一个创意、点子和想法成就事业，早就在许多创业成功案例中存在着。仔细分析这些案例，我们可以把它分为下列几个类型：

1.问题解决型。每个人在日常生活中都会遇到或大或小的恼人问题，有人埋怨几声就息事宁人，有人则从自身经历或朋友的困境中发现商机。例如，有人晚上遛狗时差点让车给撞到，他的反应不是骂司机三字经，而是灵光一闪开始筹划"宠物反光外套"这个创业项目。有个中学生感到地球仪光溜溜地不如地图取拿方便，但地球仪有立体感，容易看懂。于是他从儿童的气塑玩具那里得到启发，制成充气地球仪，十分方便实用。

　　马利特先生从事消毒牛奶瓶生意，他的创业灵感来自一次郊游。一次，马利特夫妇带孩子出游，给孩子喂食时发现没带奶瓶。他们从附近商店买了一只奶瓶，却无法对奶瓶进行消毒，制造消毒奶瓶的念头由此在马利特先生脑中闪现。经过艰难的研发，马利特先生于二〇〇〇年推出一种可回收的消毒奶瓶。产品一上市便大受欢迎，仅英国和美国两地，年销售量就超过四百万个。

　　日本有个妈妈，看到卧在病床上的孩子，每次用吸管喝水时都要艰难地低下头，心疼之余发明了弯曲式吸管，并申请专利而上市大发。

　　遇到问题后希望问题能够解决，这是消费者的普遍心理。因此从事"问题解决型"创业的创业者，如能一针见血抓到问题的症结所在，并且脑筋急转弯从大众容易接受的角度，想出解决问题的妙方，成功概率极高，当然问题必须带有一定的普遍性，换一种话来说问题要够"痛"，"痛"得让人愿意掏腰包解决它；而且"痛"的人要够多，多到能撑出一个市场的格局。

　　2. 异业复制型。成功的创业者未必都是新领域中第一个"吃螃蟹"的人，有时他们的创业想法来自成熟领域，只是在某些方面进行了创新。如果你不是点子王，但很会举一反三，联想力丰富，那么不妨试着把一个行业的原创概念复制到另一个行业，照样能弄得风生水起。

　　十年前马化腾原本只是一个"超级网虫"，但十年后的今天却拥有了一家注册用户九点三亿（二〇一〇年九月数据）的网络服务公司，如此巨大的转变只是源于他十年前的突发奇想：现实中我们可以用BP机寻呼朋友，但在网络上我们怎样方便地寻呼到我们的网友呢？当时国外已经有了ICQ这款即时通讯软件，但中国人用的呢？这种想法让他做出了如今最流行的、适合中国人用的网络通讯方式——QQ（当时叫OICQ），它的功能就如日常生活中的BP机，但以网络为载体，使用起来更方便，而且可漫游全球各地，因此被形象地称为"网络寻呼机"。一个"拷贝"过来的想法，改变了上亿人的沟通习惯，引领了一种新的网络文化，更创造了一种新的营利模式。

　　美国的"钉书针"公司创办人，原先在一家大型超市工作，后来被解雇了。失业后有一次他买不到想要的打印机色带，激发了他先从解决问题出发（如何买到想要的打印机色带），再结合他原先在超市工作的经验，举一反三地成立了一家专营办公室用品超市，这家超市一开张就受到广大办公室人员的欢迎，在美国开了一家又一家的连锁店，店内的文具用品应有尽有，令人叹为观止。

另一个爱狗的日本女孩更是把行业原创概念的复制做到了令人惊讶的地步。很多人把麦当劳这个连锁业的鼻祖，复制成各种各样的餐厅连锁模式，但这个日本女孩却把麦当劳连锁餐厅概念运用到狗餐厅（宠物餐厅）身上，竟也收到了意想不到的效果，大受那些宠物爱好者的欢迎。

异业复制的好处，就是有原有的范例可以让创业者遵循，不必无中生有。但是异业复制的风险是，成功模式的转移过程一定要转换得天衣无缝，一旦转换的过程失败，就会显得这种创意创业怪里怪气，另外不同行业的经营模式是否能够转嫁得完美，也是考验创业者的一大重点。

3. 国外移植型。如果你经常出国旅游或浏览国外资讯，见多识广，洞察力强，那么不妨把国外的新鲜点子搬回来。

有一家叫"东利行"的公司与腾讯公司签署了为期七年的 QQ 形象标志有偿使用协议，当时许多人都疑惑，腾讯的专用标志—— 这只裹着围巾的小企鹅，能给"东利行"带来多大的利润？其实"东利行"的老总却从美国迪斯尼公司的成功中看出了商机：QQ 的注册用户当时已超过八千六百万，用户以年轻人为主，他们对时尚产品的购买力极强。于是，"东利行"提出"Q 人类 Q 生活"的卡通时尚生活概念，开发 QQ 漫画、精品玩具、手表、服饰、包袋等十大类约一千余种带 QQ 企鹅标志的产品，并在全国各地开设了一百多家连锁店。"东利行"借风使力，赚得盆翻钵满。

"东利行"的创意源于全球闻名的迪斯尼公司。米老鼠、唐老鸭、白雪公主等卡通形象，已成为迪斯尼公司取之不尽的财源。而"东利行"正是移植了"迪斯尼"的创业思路和盈利模式。

国外移植型可谓是最便捷的创业方式了，因为它有成熟的模式。但使用此类创意创业需注意文化差异，要对国外的创业概念进行本土化改造，以免好点子水土不服，甚至画虎成猫。

4. 异想天开型。异想天开中藏着诸多的成功机会，创业也是如此，奇特的创意有时也能成为一种创业资本，有着剑走偏锋的神奇作用。

法国人贝利用自己独特的想法改变了旧报纸的命运。在贝利看来，每个人对自己的生日都很敏感，希望收到特别的礼物，而鲜花、蛋糕等传统礼物，由于其

短暂性和普遍性，无法很好地体现生日的特殊性。于是，他创立了一家"历史报纸档案公司"，把旧报纸当成礼品，出售给生日日期与报纸出版日期相同者。从表面上看，贝利卖的只是一个"日子"，但却抓住人们追求个性化的心理，同时也抓住了独特的商机。如今，贝利每年可卖出二十五万份旧报纸。

前面说过的那位开狗狗"肯德基连锁店"式的餐厅的日本女孩，把为人类使用的商业创意方式运用到了动物身上，也算是异想天开了。但是，她成功了。

当然，异想天开、与众不同的创意，在创业初始会受到怀疑甚至嘲弄，禁不起考验的就会如昙花一现，而那些坚持下来并积极把想法转化成实际者，往往能抢占商业先机，继而很快发展，形成规模，直至攻城略地，做大做强。

3. 网络创业上的创新：从一个网站开始

　　很难给创意下一个准确的定义，甚至可以说互联网中正在发生的一切都来自创意。而有过人的创意就能吸引更多的眼球，就存在着无穷的商机。

　　网络创业归根结底离不开一个网站，但如何让自己的网站让更多的人关注到，继而让你网站上那些渴望点击（当然也能给你带来创业收入）的广告得到满足，网站的内容是个最重要的因素。

4. 一个好的想法，的确能驾驭资金

先看一则《不挖金矿的吸金术》。

图德拉是美国的一个工程师，他很想在石油界大展宏图、大显身手，但苦于没有钱。有一天，他从一个朋友那里得到一条信息：阿根廷想采购两千万的丁烷气体，图德拉突发奇想，决定去碰碰运气。当他来到阿根廷之后，才发现自己碰到了强劲的对手——英国石油公司和壳牌石油公司正为这个项目相互较劲呢。是打退堂鼓，还是迎难而上？图拉德想了许久，还是决定用自己的智慧，跟两家公司叫板，把这个项目拉下来。于是图德拉一边多方调查，一边苦思良策。

皇天不负苦心人。一天，图德拉从报纸上发现一则消息：阿根廷牛肉过剩，积压严重，损失很大，正不惜代价要卖掉这些牛肉。这条消息引起了图德拉的注意，这可是天赐良机啊！为什么不利用一下？于是，他找到阿根廷政府说：如果你买我两千万的丁烷，我就买你两千万的牛肉，也就是说，阿根廷政府不用花一分钱，只要给图德拉积压的牛肉，就可以得到两千万美元的丁烷气体。抛掉这些该死的积压货还能得到正需要的东西，正是阿根廷梦寐以求的，于是当场和图德拉签定了牛肉换丁烷气体的合同。

合同签好后，图德拉拿着牛肉的供货单，又跑到西班牙去了，因为那里有个比较有名的造船厂因没有订单而濒临倒闭。图德拉对西班牙政府说：如果你买我的两千万的牛肉，我就将打一艘两千万的超级油轮这笔大业务，放到你们那家快要倒闭的造船厂。西班牙政府见购买两千万的牛肉就能救活一个著名的造船厂，非常高兴。相关人员马上通知西班牙驻阿根廷大使，准备接受图德拉即将发往西班牙的牛肉。

两千万牛肉终于有了买主，那么那艘图德拉凭空担保的超级油轮又卖给谁呢？他离开西班牙后，返回美国，就直接跑到费城的石油公司。图德拉对他们说，如果你们买我在西班牙建造的两千万的超级油轮，我就买你们两千万丁烷气体。太阳石油公司见有利可图，就同意了。就这样，图德拉一分钱没花，便空手打进了石油界，从此大发其财。

这个故事虽然不是讲的网络创业，但图德拉在商场中想到的其独特的创意，真正诠释了"想法就是资本，其他的不过是资金"这样一个道理。

一个金点子，有时的确能造就一个新的创业模式，就是因为它有着四两拨千斤的神奇作用。但成百上千的想法，层出不穷的灵感，就像沙子一样，创业者如何才能从中淘出金子般的创业设想？

要把金点子变为金矿，必须要经过三个重要步骤：

1. 严谨分析。创业者应对创业点子进行冷静而细致的分析，了解清楚自己的创意是否独具匠心，有没有强大的市场需求，是否具有可操作性，在推行过程中有无防止"克隆"的保护措施……在此基础上确定最有发展前途和风险相对较小的创业方案。

2. 多方咨询。任何梦想的实现都需要实实在在地实施，并且需要依靠许多外部条件。因此，有了一个好的想法、创意和点子，在行动前最好多参考各方面的意见和建议，如成功的创业者、风险投资家、创业咨询机构等，他们提供的宝贵经验和专业指导，往往能起到点石成金的作用。

3. 善于修改。真正好的构想，常常是在不够好的构想上对症下药认真修改一番以后才出现的。在筛选自己的创业创意时，不能因为有些只是普通的构想，就停步不前，甚至放弃我们的创业目标。所谓"市场是商机真正的验金石"，既然我们的知识和经验天天都在增加，那么我们的创业构想当然也经常需要调整、修正、补充、创新。所以，当其他条件都有眉目的时候，即使我们的创业构想并不显得那么突出，我们仍然可以选择"在相同水平下和人公平竞争"的方式，开始我们的事业。成功的关键在于实践。将中等的创业构想，从头到尾地认真执行、实践出来，至少会得到一个中等的成果。如果你虽然拥有一个自认为是上好的主意，却不去执行，不去接受市场的检验，结果会是什么也得不到。

正像好的商机需要去用心寻找一样，好的创业创意也要通过一定的训练，才会从不同的角度出现在你的头脑里。下面通过九个创意例子的分析，让读者来几场"头脑风暴"，从而拓展大家的思路，启迪大家的创意思维。

【例1】琼斯太太一边要照看一个刚学走路的小孙孙玩耍，一边又要利用这个时间织毛衣。但没过一会，小孙孙把琼斯太太的毛线拉扯得一团糟。为了不让小孙孙捣乱，琼斯太太只有把小孙孙放进围栏里，可是刚把小孙孙放进围栏里，他就大哭大闹。后来，琼斯太太终于想到一个办法：自己坐进围栏里织毛衣，而让小孙孙在围栏外面自由玩耍。这样一来，祖孙二人各得其所，也就彼此相安无事了。

请问：琼斯太太最初想出的把小孙孙围起来的做法，其思考过程有什么缺陷？（提示：琼斯太太最初采取的做法所针对的目标是什么？）

答案：琼斯太太最初想出把小孙孙围起来的做法，其思考过程的缺陷是：没有恰当地对准问题的目标。

分析：琼斯太太为了达到不让小孙孙把毛线拉扯乱的目的，她的思考活动应当对准的目标是：使小孙孙同毛线隔开。而她最初采取的做法所针对的目标是：不让小孙孙自由活动。虽然二者有联系，实现了后一目标，也就实现了前一目标，但对于正常情况下的绝大多数幼儿来说，琼斯太太针对不让小孙孙自由活动的目标，而采取把小孙孙围起来的作法，显然是不明智的。

【例2】有五只猫能在五分钟内捉住五只老鼠。按照这种捕鼠效率，要求在一百分钟内捉住一百只老鼠。请问需要多少只猫？（提示：请检查一下，你在思考此题的过程中，是否有什么想法干扰你得出正确的答案？）

答案：还是只需要五只猫。

分析：很多人都会这样计算：五只猫在五分钟内能捉住五只老鼠，那么，要在一百分钟内捉住一百只老鼠，自然就需要一百只猫了。

这样计算是不对的。按五只猫在五分钟内能捉住五只老鼠来计算，五只猫的捕鼠效率是：一分钟能捉住一只老鼠。照此计算，五只猫在十分钟内就能捉住十只老鼠，在一百分钟内就能捉住一百只老鼠。可见，要在一百分钟内捉住一百只老鼠，并不需要有一百只猫，依然是只需要有五只猫就能完成这一"任务"（此题不需考虑各种各样的具体的实际情况）。

造成以上这样的错误计算，也是因为受到了一种"自我干扰"。它也是来自类似事例中所总结出来的"经验"：既然在五分钟内捉住五只老鼠需要五只猫，那么，在一百分钟内捉住一百只老鼠所需要的猫，按一分钟捉一只老鼠就需要一只猫"照加"就是了。

【例3】某条街上，有一家饭店门前贴出一条广告："本店厨师的烹调技术全城第一"。不久，这条街上第二家饭店开始营业，门前也贴出了一则广告："本店厨师的烹调技术全区第一"。过了一段时间，这条街上又有第三家饭店开张，这家饭店的门前写的是："本店厨师烹调技术全省第一"。后来，这条街上又再开了第四家饭店，这家饭店的老板叫人在门前写的是："本店厨师的烹调技术全国第一"。紧接着，这条街上又有人要再开了第五家饭店了。请问：要超过前四家饭店，这第五家饭店对该店厨师的烹调技术该怎么说？（提示：这第五家饭店的广告能否换一个思路来写。）

答案："本店厨师的烹调技术全街第一"。

分析：很多人都会认为，要超过前四家饭店，这第五家饭店的门前应当写："本店厨师的烹调技术全世界第一"。这恰当吗？从全世界范围看，不仅有一般所说的"中餐"与"西餐"的区别，而且许多民族都有自己独特的菜肴。说"烹调技术全世界第一"，只能让人感到荒唐可笑而不可信。第五家饭店的广告词，不宜再按照前四家的思路——不断扩大范围去想，而需要倒过来，从另一头——缩小范围来想。说"本街第一"听起来似乎"口气不大""气魄不够"，但它却能让顾客更实在地感到这第五家"超过了"前四家。

【例4】我国西汉时期，陈平是刘邦的谋士，而他原来是在项羽手下做官。他从项羽那里逃出来后，在一次渡江时，一条小船的船主见他一副贵人财主的打扮，估计他身上会有不少钱，于是便起了谋财害命之意。陈平看出了这一点，但他既怕被船主杀害、又不能直接向船主说明自己身上没钱，因为那样会激怒船主，同样可能招来杀身之祸。他想了一下，很快就想出了一个为船主"效劳"，间接地表明自己身上没钱，而使船主打消杀人夺财念头的巧妙办法。请问陈平想出了一个什么巧妙的办法？（提示：陈平要想出这样的办法来，非按特殊的思路思考不可。)

答案：脱光身上的衣服帮助船主划船。

分析：陈平要向船主表明自己身上没钱，以打消船主谋财害命的念头，可是又不能直接说出来，他就只能想出了脱光身上的衣服帮助船主划船的办法。

【例5】美国的哈利被誉为促销奇才。他年轻时曾在一家马戏团负责向观众出售饮料。有一次演出时，由于观众不多，购买饮料的人更是极少。百般无奈之际，哈利突然想到一个招揽顾客的办法。他买来一些炒咸花生，包成小包免费赠给观众，并站在马戏团演出场地的入口处高声大叫："快来！快来！每个观众我们都赠送一包又香又脆的花生米！"经他这么一吆喝，人们纷纷购票入场。大家一边开心地观看马戏表演，一边吃着又香又脆的炒花生米。马戏演出快散场时，哈利的饮料也差不多快卖完了。请问哈利想的这个办法为什么能达到促进饮料销售的目的？

答案：观众吃了哈利赠送的"又香、又脆、又咸"的炒花生米，都需要喝水，自然也就都要去购买哈利出售的饮料。

分析：哈利的最终目的是把他的饮料卖出去，但他没有直接采取大声吆喝有饮料、或减价优惠一类的直接促销的手段，而是想出了"向观众赠送炒花生米"的怪点子，通过人吃了咸东西都有喝水这一本能，成功地售出了他的饮料。

【例6】一九四五年，美国一家小工厂的厂长威尔逊，看准了蓬勃发展的各类信息事业对复印技术的渴求，重金聘请专家潜心研究，终于发明了一种当时最先进的高质量复印机。随后威尔逊把他的成本只需二千四百美元的新式复印机，竟定价为二万九千五百美元，高出成本十一倍。美国政府有关部门认为定价过高，禁止其出售。人们听说此事后也纷纷指责威尔逊贪得无厌。但威尔逊在他的高价复印机被禁止出售后，马上向公众开展了复印机的租赁业务，并大大受到了广大用户的欢迎。这样，威尔逊从复印机的租赁服务中实际获得的利润，比他当时如果出售复印机所可能获得的利润，高出了数十倍之多。请问威尔逊为什么要故意将出售复印机的价格定格得那么高？（提示：威尔逊这一经营策略的思路是什么？）

答案：威尔逊估计到，美国政府有关部门禁止其高价出售新式复印机后，便会允许其经营复印机的租赁业务。

分析：威尔逊的这一经营策略，从表面上看是为了"进"——大大提高复印机的销售价格，实际上却是为了"退"——不出售复印机，而只经营复印机的租赁业务，其思路仍是"以进为退"。

【例7】一九八六年，中国女排荣获"五连冠"，这对我国许多企业来说都是一个难得的机遇。假如有某个企业，事先就做好有关准备，当中国女排获得"五连冠"的电讯一传来，马上就开机印出一批印有"中国女排荣获五连冠"字样和图案的服装、手帕一类的小商品，放到市场上去销售，那么，在当时举国都崇拜中国女排的情况下，完全可以肯定，不但会获得极其可观的经济效益，而且能在社会上起到振奋人心的作用。请问在当时对中国女排究竟能否获得"五连冠"，事先并无把握的情况下，能投入资金去做好那样的有关准备吗？（提示：如果这样做，显然是要冒风险的，能否冒这么大的风险去捕捉这样的机遇？）

答案：不能说每个企业都可以这样做，而对于那些具备相应条件，并勇于冒一定风险去捕捉机遇的企业来说，是可以这样做的。

分析：比赛之前，自然谁也不能断言中国女排绝对能获得"五连冠"。事先就做好衣服、手帕一类商品上印"五连冠"字样和图案的有关准备，包括制好印模等，这的确是要冒风险的。中国女排如果未能获胜，进行上述准备所作的投资将会是一笔损失。但同时也需要看到，当时中国女排获得"五连冠"的可能性毕竟很大。退一步说，即使事与愿违，事先做的准备结果都没用上，它所造成的经济损失并不大。而一旦事如所料，中国女排荣获"五连冠"，则将会带来巨大的经济效益和社会效益。两相权衡，此事不是值得冒一冒风险吗？机遇与风险同在，风险与效益并存。深思此事例，可在这方面大受启发。

【例8】有一个房间，点燃了十支蜡烛。一阵风吹来，吹灭了三支。过了一会又吹灭了三支。把窗户关起来以后，蜡烛就再也没有被吹灭了。请问最后还剩下几支蜡烛？（提示：窗户关起来以后，点燃的蜡烛就再也没有受到风的干扰了。需要考虑：对这个问题，是否需要进行抽象的数字加减计算，是否还需要借助形象来思考？）

答案：如果把窗户关起来以后马上就数，那么还剩下十支蜡烛。如果把窗户关起来以后过上两个小时再数，那么，还剩下六支蜡烛。

分析：如果关好窗户马上就数，那么这十支蜡烛中，有六支已被吹灭，还有四支正在燃烧，合起来就仍然还有十支蜡烛。而如果关好窗户以后过上两个小时再数，那么，没有被风吹灭的那四支蜡烛早已燃尽，已不复存在；还剩下的则是关窗户以前被吹灭的那六支蜡烛。

很多人思考这一问题得出的答案是：还剩下四支蜡烛，他们的这一答案是由十减六等于四这样的抽象数字计算得来的。而这样计算是不符合实际情况的。思考这个问题必须借助形象，即：想象关窗户后的具体情景，那六支被风吹灭的蜡烛保存了下来；而仍在继续燃烧却已不再受风的干扰的那四支蜡烛，最后则会完全燃尽。

【例9】王安是世界著名的电脑专家和电脑企业家。一九四九年，他在美国哈佛大学的实验室工作，研究出应用于电脑的记忆磁芯后，决定申请专利，这大大引起了同事们的震惊。因为当时全世界也不过只有几台电脑，一般从事电脑研究的人都认为，电脑的开发事业只能由政府来做。在他们看来，王安试图将电脑的记忆磁芯投入商业用途而为个人申请专利，无疑是一种疯狂的想法。当时，实际上王安本人对记忆磁芯在电脑的发展史上究竟会扮演什么重要的角色，能起到多大作用，认识也是模糊、不具体和不深刻的。他只是笼统地从整体上感觉到，记忆磁芯将会有极重要的用途，将会具有极高的商业价值。于是他不顾来自各方面的压力，毅然地作出了申请专利的决定。请问从总体上看，王安是运用什么思考方法，考虑记忆磁芯的申请专利问题而作出决定的？（提示：王安作出申请专利的决定时，并没有对记忆磁芯在电脑发展中的重要作用的具体而深刻的分析和认识做基础。）

答案：从总体上看，王安是运用直觉考虑记忆磁芯的申请专利问题而做决定的。

分析：王安在当时那样的情况下，很难对记忆磁芯将来在电脑发展中所可能起到的作用，认识得很具体、很深刻；而他又希望能不失时机地利用他的研究成果以换取巨额报酬，开拓一番大事业。因此，他只能根据一定的分析与估计，凭借勇气和魄力，运用敏锐的直觉作出判断和抉择。

5. 网上创意，创业天地更广阔

时代在前进，社会在进步，昨天的真理在今天就有可能是谬误。所以观念要跟上时代，就得不断更新。如果一个人的躯体进入了信息时代，思维却仍停留在工业时代，就会像一个没有灵魂的躯壳，怎么能为人处世、经商赚钱？

李嘉诚为什么不比比尔·盖茨富有？如果讨论起来，肯定仁者见仁、智者见智，而且肯定还会没完没了。我们来看看李嘉诚自己怎么说的。有记者问李嘉诚：为何几十年的成功积累还不如比尔·盖茨的几年暴富？李嘉诚一方面在感慨"后生可畏"，一方面承认比尔·盖茨掌握了这个年代最为稀缺的资源：创新精神。

是的，创新，可以让一个新品在一夜之间，战胜一个畅销几十年的"名品"，这就是新经济的社会现实。传说中的阿里巴巴用"芝麻开门"的秘语打开了装满金银财宝的神秘山洞，而现代人则需要用创新的思维方式来开启财富之门，尤其在今天的网络经济中更是如此。

下面就是一些在网络经济中创新的创业者取得成功的案例，相信这些案例，对正在网络创业道路上跋涉的朋友会有些帮助。

1. 经营 QQ 号码月入近万。

江西籍打工仔杨子明在长沙一家家具厂做业务员。他有一个又长又不好记的 QQ 号码，有时在网上和人家谈业务时，有些人还不愿意与他深聊。为此他想去弄一个短一些的靓号。可他申请了上百回，却一直未能如愿。

后来，有两位大学生送给了杨子明一个QQ靓号。他们还告诉他，他们大都有七八上十个靓号，计算机系的人更多，有人甚至拥有二三十个号码，而不少号码他们根本就用不着，大都被闲置。二〇〇一年底，杨子明也送了一个靓号给他一个朋友。为此，这个朋友竟花了三百多元在长沙市赫赫有名的玉楼东酒店请他大撮了一顿，而且还不停地说："值，太值了！"

这件事给了杨子明莫大的启发，他想，现在腾讯公司已基本上不再提供五六位的免费靓号，而网民却希望拥有一个短位靓号，许多大学生手里握着一大批免费靓号而又不用，为什么不把那些号码收集起来再出售给需要的人呢？

说干就干，杨子明马上走进一些大学收购QQ靓号，并相继收购了一百多个QQ号码，其中有不少还是五六位的靓号。他把这一百多个QQ号按普通号和靓号定了价格：普通号五元一个，靓号五十至两百元不等。然后走进写字楼和单身公寓一间房一间房去推销，只用了五天时间就卖了八十多个号码，共卖了五千余元，除去各项成本九百余元，他在不到一个月的时间里净赚了四千四百余元！

后来，尝到甜头后的杨子明干脆辞去家具厂的工作，专做QQ号码的生意。他在十余所高校总共收集到了两百六十多个QQ号，然后到白领人士相对集中的写字楼、公寓楼上门推销，还在一些网站和平面媒体打免费广告。这样一来，杨子明的知名度大涨，生意也空前火爆。在短短一个月里，他的一百五十多个靓号被抢购一空，其中有一个超级靓号甚至被炒到两千余元。这一次，杨子明整整赚了一万五千余元。为了收购到足够多的靓号，杨子明把目光瞄向了邻近的湖北、江西以及广东，他托熟人到这些地方的高校和大型电子企业、网络公司收购了许多靓号。与此同时，他的销售市场也扩大了，每个月的收入都在五千元以上。为了工作方便，他还买了电脑和摩托车。

2. 网络使他淘到人生的三千万

出生在湖南益阳一个贫困农家的大明，一九九八年在长沙开了一家水晶玉石店。这天店内来了一位七十多岁的老奶奶，她从层层包裹中取出一只手镯，说是儿子花了七百多块钱买来孝顺她的，她舍不得戴，要大明辨辨真假。大明一看就知道是真货，但最多也就值几十块钱，可她却像宝贝一样藏起来舍不得戴。这件事让大明非常震惊，于是，一个传播玉石文化，做平民化、百姓化和大众化珠宝连锁的大胆设想也就诞生了……

二零零零年初，大明以水晶产品为主打的水晶坊在长沙开张了。因为没有经验，产品款式不够新颖，包装不够漂亮，虽然他满怀激情地去推销却没有一个老板肯进他的货。一次次的被拒绝以后，大明使出了最后一招：找人代销，卖了再给钱。他从长沙出发，去了重庆的綦江、万州，成都、昆明、贵阳、南宁……一路上吃住都在车上，脚一着地他就去推销。功夫不负有心人，水晶坊第一家外省连锁店在成都开业了，紧接着又开了第二家、第三家……就这样，统一外观形象、统一经营模式、统一供货渠道、统一零售价格、统一广告宣传、统一促销活动的水晶坊连锁经营模式初见雏形。二〇〇一年，大明终于积累了他人生的第一个五十万，他的"水晶坊"珠宝饰品有限公司也正式成立了……

随后，大明将水晶文化与时尚元素巧妙结合，开发出手链、项链、戒指、耳饰、手机挂件等二十多个系列，上千种款式。同时，他非常注重产品的质量，每一件产品都要仔细挑选，对于不合格的产品坚决不流向市场，将产品的市场零售价定在以几元、几十元为主，让平民买得起，富人看得上。在他的精心打理下，生意越来越红火，平均每天的销售额都在四五千元左右，月纯利润达三万多元。看到他的成功，许多朋友都想加入进来，大明觉得是时候将水晶坊介绍给全国各地的创业者了，于是，他成立了湖南水晶坊珠宝有限公司，为了方便客户查询相关信息，同时也注册了水晶坊的官方网址，并开通了全国咨询热线，筹划全国招商活动。

为了扩大宣传，大明果断地在公司成立网络事业部，招聘程序员设计网页，因为当时网络上招商的项目非常少，而且加盟门槛非常低，所有在网站成立的第二年，加盟商就翻了一翻。在很多企业还在对百度竞价观望和质疑时，大明就已经意识到网络营销的力量和趋势，很快，水晶坊就成为长沙珠宝首饰行业第一个做百度竞价的企业。使用百度竞价不足两年，水晶坊公司网站的访问量就达到十万多次，同时，也带来了大量的意向客户资源。因为网络，水晶坊在二〇〇二年到二〇〇五年短短三年时间，加盟店从几家发展到全国三十多个省市的一千多家专卖店，从年销售额只有几十万达到年销售业绩三千万。

3. 玩"玉米"，轻松赚得八百万

二〇〇九年中央电视台春节联欢晚会上，赵本山与小沈阳演出的小品《不差钱》，不仅捧红了小沈阳，也给另外一个人带来了实实在在的收益。他就是注册了"不差钱"域名 (www.buchaqian.com) 的域名投资人郝鹏。后来他将这个域名成功转让，不到两个月的时间，几十元赚回几万元。在网上，域名有时候被戏称为"玉米"，而域名投资人也就成了"米农"，郝鹏就是众多"米农"中的一个。

三十三岁的郝鹏是北京人。一九九九年，他就注册了自己名字的英文域名，当时两年一千元的费用也几乎耗费了他将近一个月的工资。二〇〇一年开始，他有了第一笔域名转让的收入，一个 www.gaofeng.com 的域名给他带来了几千块钱。随着当时互联网进入低迷阶段，很多不错的国外域名由于没有续费而可以重新注册，他抓住机遇扩大了自己的注册量，由于他的用心，转让费用也"很少低于四位数"。大多数时候，转让域名只要双方约好去代理商那里就可以办理。但是有的时候，为了一个域名的转让还要去外地见面，郝鹏就经历过一次去上海的转让经历，对方竟是一家国内著名网游企业。

二〇〇七年，自称"打工生活前景不明朗"的郝鹏辞职回了家，成为了一名专业"米农"。说起做专业"米农"的感受，郝鹏直言"太幸福了"，他这样描述自己的一天：通常，他每天七点多就起来，洗漱吃早点之后，就是打开电脑，看最新的当日新闻。在这一点上，"米农"会比一般的人有更多的新闻敏感性。

郝鹏坦言，自己很少做短线的炒作，基本上长期持有的域名居多。他给自己定下的原则是，如果一个域名的转让费没有达到四位数，这次注册经历就不是成功的。事实上，他每年能够从域名转让稳定赚到二十多万的收入，才更坚定了他的信心。于是，不断有人找上门来要买域名，其中 www.shipin.com 和 www.weixiu.com 都创造了六位数以上的转让价格。

在域名投资领域，除了郝鹏，珠海的钟先生更算是个能人。二〇〇二年，还在公司上班的钟先生花两千多元，从深圳的一个程序员手中购买了一套招聘系统的软件，他一边上班，一边维护自己的网站。二零零六年底，爱尔兰网络招聘集团看好钟先生的招聘网站前景，于是，投资八百万欧元和钟先生进行了合作，这在整个"米农"圈引起了巨大的反响，钟先生也成为众多"米农"在创业领域的偶像。

4. 致富网站网住滚滚财源

潘晓芬是广东高州市石古镇一名普通农民，家境并不富裕。二〇〇四年，他接触到互联网后就发现报刊上纷纷推广的创业项目，网上竟然找不到几条，这让潘晓芬产生了建一个创业类网站的想法，为了证实建立创业网站的可行性，他把家里各种新旧报刊里关于网上赚钱的报道都找出来，仔细研究后，坚定了他建立网站的想法。

由于潘晓芬自己不会制作网页，便在网上咨询一些建站的网络公司，却得知一个普通网站报价竟然数千至数万不等。于是他只好经常在网吧里了解各种各样的网站。一个偶然的机会，潘晓芬发现了自助建站的程序，用这种程序建站，不需要什么建站基础，他心里像发现新大陆一样欣喜，觉得可以利用这个程序来建一个创业网站，但是千余元购买程序的费用让他伤透了脑筋。这时，恰好家里的三头猪出栏，他便揣着卖猪的两千元，在市区租了房子，买了一台二手电脑，又装宽带和电话。除去各种费用，他的口袋里只剩两三百元，已经不够购买建网站的程序了。他一咬牙把自己的旧摩托车卖了一千二百元，汇款买了建网站程序。

潘晓芬在网上搭建的是淘宝富网站。最初由于不懂得网站推广，十多天过去了，网站一点动静也没有。后来他在一些网络公司的指导下，到一些人气比较高的论坛、留言板上发帖子，宣传自己的网站。几天后，他接到第一个咨询电话。之后电话越来越多，咨询者的问题各不相同，潘晓芬都耐心地在电话里解答和说明。终于有个客户被他的诚恳打动了，给他汇了六十五元买了一本农业技术资料，收到汇款的那一刻，潘晓芬激动得眼泪差点掉下来。

之后，信任潘晓芬的客户越来越多了，收入也多了起来。为了吸引更多的客户，他在每个月的收入中都抽出一部分钱用于引进新技术，技术引回来后，自己先实验，实验成功的就放在网站上推广，不成功的就放弃，就这样，信息资源和经验在一点点地不断积累，同时他也了解了这一行业的运作模式。二〇〇四年底，潘晓芬竟然收入四万多元，除去一些日常开销和引进新技术的费用，还赢利两万多元。

二〇〇五年初，潘晓芬将各地都要价数千元至上万元的脆皮蛋糕创业项目，以三千八百元引进，然后再以仅收三百八十元技术费的低价进行出售。他在网络上大量发广告，之后他的电话几乎响爆，从全国各地来的汇款单不断，最多的一天卖出二十多套技术，当天赢利六千余元。这一年，仅靠脆皮蛋糕这一个技术，潘晓芬就赚了近十万元。

后来，一旦有他认可的项目，他便先引进，再实验，成功后低价转让，坚持薄利多销。现在这套模式依旧是他网站重要的赢利模式之一。

几年的经营过程中，潘晓芬发觉在咨询的客户里面，很多都是一些单位或企业的技术员，他们需要的技术十分专业。为了有一个长期稳定的发展空间，他又投资数万元引进了专利文献数据库，并投入大量人力、物力对专利文献进行分类整理。

二〇〇六年起，他前期引进整理的专利文献发挥了很大作用，每天咨询购买的客户都非常多，而且基本是有一定相应行业基础的人，成交率非常高，现在为中小企业提供文献检索也成了他网站另一个重要的赢利模式。这时潘晓芬的业务已经稳定，收入也越来越高，年收入在数十万元，有了很多固定的客户，网站影响力越来越大。

第六章

Chapter 6

你适合网上创业吗？

1、网上创业，并非高不可攀

二〇一〇年七月二十五日，我以嘉宾的身份参加了国内最火爆之一的电视节目——江苏卫视《非诚勿扰》的录制。在节目中面对现场五十台摄像机，我第一次站在大型节目的舞台上，不免有点紧张。现场播放了我生活和事业的 VCR（视频片断），以及主持人的介绍，使大家基本上了解了我的创业经历。

我出生在浙江省永康市。作为沿海省份的浙江，由于经济发展较快，"富二代"比较多，永康也不例外。永康很多人都是衔着金钥匙出生，衣食无忧地长大，在学校里受最好的教育，然后长大成人的。有些人甚至是只知道挥霍父辈留下的财产的公子哥儿。

但我不同，我是个地地道道的"穷二代"。我的爸爸身有残疾，但为了养家糊口，他长年在外打工，干的还是最累的体力活——搬运工；我的妈妈没有工作，就靠摆摊卖水果维持生活，我到哪个学校读书，妈妈就把水果摊摆到学校附近；我很小的时候，就知道妈妈为了生活，摆摊忙得不可开交，甚至从早到晚都没有时间回家吃饭，我就自己学会烧好饭菜，天天给妈妈送饭。大家也许不知道，我自己也是在屈辱中长大的，因为家里穷，经常被人欺负。但现在想来，幸亏我有了这段童年中被欺负的经历，使得我的性格和人生词典里有了"充满斗志，永不服输"这八个大字。

因为自己贫穷的家庭条件，爸爸妈妈都没有过上好日子，因此我从小就暗暗在心底发誓：长大了一定要凭自己的本事努力赚钱，让我们全家都过上富有的好日子。

读中学的时候，有一天我还听了这样一个故事，让我对财富又有了一层新理解：会赚钱，能赚钱，拥有自己的财富，不但关乎一个男人的地位，更关乎一个男人的尊严——

于是，从高中到大学，我一直在寻找着创业的机遇，而计算机介入我的生活之后，我更是研究着网上创业的秘密：因为我坚信，随着互联网影响的不断深入，随着网络经济的不断发展，随着国内电子商务的不断成熟，网上创业必将有着广阔的前景。

我从小喜爱文学和写作，因此在大学期间，我充分发挥了自己的特长和爱好，不但成为了学校校报的学生编辑、记者和中坚力量，而且还开始了创业。统计起来，从我十五岁开始在《家庭时报》上发表文章算起，至今已在《当代青年》《大学时代》《青年时讯》《新一代》等等全国各地的报刊上，发表了三千多篇文章。所以《非诚勿扰》节目称我为"一个不折不扣的才子型企业家"，并非浪得虚名。

由于不断地发表文章，不断地收到了稿酬。这些稿酬我除了支付自己的部分学业支出，和补贴家用外，还给妈妈买了很多衣服，因为生活的艰难，使她成为了一个很节俭的人，衣服轻易舍不得买。我每给妈妈买一件衣服，她都要高兴好久好久。

二〇〇三年春，我参加完中央电视台《正大综艺》的录制之后，我创办了我的第一个网站，正式开始了网上创业的艰难之旅。

二零零四年初，我通过一个不起眼的信息抓到一个赚钱的机遇，于是我借钱周转，破釜沉舟，蛇吞大象地狂销《XX投稿大全》。到当年春节过后，我终于以五百元博到了十万元，赚取了人生的第一桶金！同时在二〇〇四年元月，我创办了另一个电子商务网站，开始利用网站赚钱。

二〇〇四年七月，我通过和批发网等网站合作，以海量正版的货源、普遍低廉的价格和优质高效的服务，赢得了一批又一批忠实的客户，销售规模再上几个大台阶。之后拥有了自己体面的办公场地和多个库房基地。

二〇〇五年春节过后，我在寸土寸金的北京朝阳区繁华地带，购置了一套新居，结束了之前的"北漂"生涯。

二〇〇六年，我把我朴实善良的爸爸妈妈，都接到了北京，让他们和我生活在一起，他们再也不用辛苦地当搬运工和卖水果了，因为他们的儿子将以自己的事业和成功，赡养他们后半辈子，让他们过上无忧无虑的富足生活。

通过我的创业经历，大家看到了，我从一个穷人家的孩子，奋斗成今日拥有两套房产和一个网站，靠的就是几年来敢拼敢闯的努力。网上创业的门槛并非高不可攀，前期也不需要投入太多资金。关键是创业者要有坚定不移的信心（看准了就不要放弃）、坚韧不拔的意志（遇到挫折也要咬牙挺住）、先人一步的创意（最好具有商业头脑）和灵活多变的思维（不墨守成规胶柱鼓瑟），一步一步做上去，才能在创业中立于不败之地，继而创造于属于自己的辉煌!

2.你的性格或经验适合当老板吗?

　　网上创业也同现实中的创业一样,创业者实际就是自己事业平台(公司、企业)的老板。也许当你一个人独自创业,事无巨细地辛勤忙碌时,还不觉得自己是个老板,一旦你创业的规模做大了,需要助手和员工来一起圆你更大的创业梦,你要给他们安排职位、开出薪水时,你的老板身份就自然而然地确立了。但是,当老板需要一定的特质,并不是每个人都能适合或者都能做好。也许网上创业中的某些项目是虚拟的,但公司里的人际关系、财务报表、员工表现等却是现实的。

　　如果你网上创业并且准备干出一番大事业,自己做老板的话,就需要具备以下四点,或者改变自己,力争做到以下四点。

　　1.不要过于软弱。过于善良的人往往心太软,对人抹不开面子,人情味太浓,不会断然说"不",而这对经商和管理员工大为不利。如果当老板的你,在公司里一团和气无原则,员工就会占你的便宜甚至欺负你,像寄生虫一样附着在你的身上,吮吸你的血,直到你关门破产,他们则跳槽另谋生路。而这并非危言耸听。

　　我认识一个网络公司的老板,老板为了员工的工资福利,天天在外面跑业务搞公关,回到公司灰头土脸还要对着员工满脸笑容;而他的员工却都在装着空调的办公室聊QQ、玩游戏,还有些人在看书学习。整个公司没有科学有效的绩效考核标准,所以员工也没有压力、没有替老板分忧解难的想法。一个员工还大谈他的"工作观":"学习是给自己学,干活是给老板干,相比之下,老板不在,谁不愿意多学点东西？"

因此如果你当老板，对员工管理一定要把握好人情味这个度，坚持原则，在商言商，公事公办，把他们的潜能全部挖掘出来。

2.当老板一定要会算账。现在的网络经济也就是理财经济，创业只有精于理财、开源节流，才能把自己的事业像滚雪球一样越做越大。所以，网上创业当老板一定要会投资理财，会算账（甚至是精打细算），最起码要懂一些基本的财务知识，像资产负债表、损益表都应该要能看得懂。

在财务上当老板最忌讳的是：忙忙碌碌做一年却被做财务的员工牵着鼻子走，只知道自己的公司还在"健在"，但具体亏赚不知道，更不懂做财务分析，去从中找出经营上的问题，比如亏，亏在何处，盈又盈在哪里。一旦财务链（现金流）出问题了，无钱进货无钱发工资，公司转不动了却束手无策，只有关门。

如有个学习俱乐部的老先生，原来从事建筑行业，他用辛辛苦苦打拼了几十年赚来的几千万资产，转行投资教育产业，但他并不会管理，只知道教育产业有未来的发展趋势，还高薪聘请一个美国留学生做人力总监，摊子铺得很大。然而这个老先生对财务知识并不熟悉，不会算账不会理财，结果经营得很糟糕，公司开张两年来竟亏损了三百多万。他原来雄心勃勃，高薪招聘了许多员工，但员工们一上班都在看书学习，称是"学习型的组织"，而公司所做的业务业绩连交房费都不够，最后公司只好宣布破产。

因此作为老板，虽然没必要对会计业务很精通，但要知道公司（企业）的资金是怎么来的，还要知道它是怎么花费的，至少心里要有一本账。平时你交代会计工作的时候，多使用一些专业的财务术语，让他知道你不是外行，他做起事来就不敢蒙你了。老板了解点财务会计，懂点财务管理，至少能使公司（企业）的管理水平更上一层楼。

3.当老板要熟悉所投资的行业和产品。"隔行如隔山"这句话，是有一定道理的。你要在某个行业进行网络创业，一定要懂行，至少要有这方面的经验，和熟悉其中的运作流程，知道该行业发展趋势和经营过程中可能出现的风险。你还要知道你的竞争对手都是哪些人哪些公司，他们的优、劣势，自己的优、劣势，做个swot分析。创业需要市场，而市场是有份额的。所以你还要知道你进入的行业、产品在你的目标市场上的份额和寿命周期，不能你开始雄心勃勃创业的时候，这个行业（产品）已处于低谷时期，利润极薄，竞争对手多如牛毛了。一句话，创业投资，就是以最少的投入，获取最大的回报，至少是追求投资回报率的最大值。

这里举个小例子：一个偶然的机会，刚参加工作的大学毕业生小王，在某网站的二手市场上发现有人要转让一批饰品，出于好奇，小王跟那人联系问了问情况，起初也并没有想到要买这批饰品，因为他自己毫无饰品经营方面的经验。但两天后女卖主又给他打电话，说自己要出国饰品低价转让，并介绍说做饰品的利润非常高。二〇〇四年非典时期什么商品都不好卖，但她饰品每月的纯利还有两千多元。接着她又马上电话帮小王联系了两个门面。

于是小王心动了，不过他还是做了些准备。小王因为每天要上班，雇人也没有经验，就想请待业在家的小姑先帮帮忙，小姑也同意了。万事俱备，小王觉得老天可能偏爱他吧，这事一开头就这么顺利，注定自己是干这行的料了。但谁知小王刚拿出积蓄斥资购下了女卖主的饰品并租下了门面后，小姑子却通知小王她要准备考试，帮不了忙了。

但小王已是箭在弦上，不得不发了。租好店面后却正赶上公司安排小王去杭州出差，回来已经是两周之后。时间不等人了，小王只好草草装修店面，先把货物上柜再说。小姑不能来了，他就雇了个人。

店子开张后小王发现，饰品生意并不怎么好，而总有人问他店里没有的东西，比如指甲油、假睫毛和钥匙链等，应顾客的需求小王不得不每种都进点货，两个月下来一盘点，每个月都要亏损一二百元。

然而更不妙的情况还在后头。小王店面所在的这个商厦，开发商开盘时炒得非常厉害，买商铺的人甚至连夜排队，但商铺卖出后他们就不再宣传不再管了，以致商厦都开业半年了，附近的住户竟然还有不知道的。商厦的客流量越来越少。

这时商户的商品开始积压，一些商户在秋冬季还在卖夏天的衣服，有的商户干脆退场。到后来，商场的摊位租金都降到每月只要三百元，可是小王赔钱赔得更厉害了，连服务员都雇不起了。商厦这时门可罗雀，成天空荡荡的，只有几个摊主在聊天。在这种情况下，就是想赔钱甩货都没有人搭理。合同到期后，百分之九十的商户已经撤场，小王也无法再继续支持下去，只得带着卖不动的积压货——一堆精美的但已经过时的饰品收场了。

这个案例中店主小王经营失败的原因主要有以下两点：

一是他选择项目不谨慎,尤其是他涉足自己并不了解的饰品领域,周围又没有行家指导,又没有做调查研究,就匆忙上马了。

二是小王没有考虑到所经营商品的寿命周期和市场份额。再好再精美的饰品都有时尚性,过了时就一文不值了。

4. 当老板一定要有资源。这里所指的资源,包含几个方面:一是指人才。无论技术、业务还是管理,如果有深谙此道、熟悉运作的人帮你打理,你就会要少走很多弯路。二是资金,你是否具有融资能力,特别是处理周转资金,因为刚开始创业时不可能马上赚到钱,必须要有流动资金,方能滚动发展。三是社会关系,也就是良好的人脉关系。你在网上创业时,最好要有一些朋友在帮助你,帮你拓展业务关系,帮你解决创业难题,良好的人际关系是笔巨大的财富。

商场上有个"811原则",也是一个利益分配的原则:如果你赚了十元钱,你要拿出八元钱给关系户,一元钱给你身边的幕僚们,最后的一元钱才归自己。也就是说,一个商人赚到十元钱,就有八元钱是用来培养生意场上的利益同盟。由此可以看出,利益同盟也是商人的根本法宝。其根本理论是:你认识谁并不重要,关键是你想认识谁以及谁认识你。

国内第一家BBS网站——西祠胡同的创始人之一陈辉民,二〇〇〇年将西祠胡同卖给纳斯达克上市公司艺龙旅行网后,涉足房地产、化工、服装等行业,均获得成功。他二〇〇八年曾经参加世界第一营销大师杰·亚伯拉罕的课程,亚伯拉罕的课程非常昂贵,每期课程只有三天,学费是二万五千元。但是陈辉民的收获却远远大于这三天课的学费,因为这期课后他找到了千金难买的人脉关系!

他在上课前花了一百五十元印了两盒高档名片,然后在上课现场主动发给了每个人。他的名片上,除了印有姓名、地址、手机号码等常规内容外,还多加了一条:"亚伯拉罕中国同学交流QQ群:13435★★★"。结果当三天的课程完成后,有一百七十多人主动加入了他的这个QQ群。

要知道能花二万五千元来听课的,百分之八十的都是身价超过五百万的人,是这个世界上的精英阶层。就这样,陈辉民利用一个听课的机会,通过两盒高档名片,以一个高级QQ群的空间,把一百七十位身价五百万以上的人聚在了一起。后来这个QQ群,不但给陈辉民拓展了更加丰富的人脉关系,还在群聊中产生了大量的生意机会,为他个人及QQ群中的许多朋友创造了极大的价值。

3. 创业之前要准备什么?

创业是一条漫长而艰辛的路,成功与否,除了与创业资金、创业机会有关外,还与创业理念、创业方法密切相关。因此,创业者事先要考虑到各种要素,做好万全的准备,同时还应具备相关的经验和专业知识,这些都是不可或缺的创业条件。

在你确认自己适合创业了,又具备了相当的条件,那么在正式创业之前,还要作哪些准备呢?

1. 根据自己的性格和能力选择合适的创业项目。

俗话说"性格决定命运",一个人的性格决定着他的未来。如果你的性格是急躁型的,并且很难改变的话,就适合做贸易型的项目,而不太适合选择生产型的项目,因为生产的项目需要很长时间的市场适应期,需要具有坚强的耐力,需要一个市场对你品牌的认知过程。为了确保项目的生存和可持续发展,需要不断地扩大你的规模,你可能等不了那么长的令人难以忍受的折磨,一旦你撑不住的时候,你的设备、半成品就一文不值了,你必然会陷入累累纠纷的泥潭之中。而贸易型的项目就好多了,顶多卖不了退货罢了。

急躁型的创业者也不能选择娱乐服务型的项目,因为现在的客户是越来越挑剔了,有时候刁钻的客人会让你暴跳如雷,那你的客户将越来越少,最终的结果必然是关门大吉。当然,你如果有合伙人,你们的性格能够互补,也是可以选择自己性格不允许的项目的。反之，千万不要冒险。

2. 专业和特长，也是一个创业者选择新项目的根本，这方面的原则是"做熟不做生"，这样有利于你一开始就进入娴熟的工作状态，使你的初始创业成功率高出很多。当然，你如果具备较高的才智和较丰富的阅历，确认自己能力非凡，哪怕没有什么学历，也可以选择适应你的初创项目，也不一定要选择自己熟悉的东西，事在人为，这样的成功案例也很多。不主张一个人抛弃自己的专业特长来选项，要知道具备专业特长且不失才智和阅历的人比比皆是，他们在业内才是真正的成功者。

3. 你的实力准备。实力就是指你的资源能力，它是决定你创业规模和后续发展能力的重要支柱，是经营的主线。原则是"量入为出"。比如如果有十万元的创业计划资金，那么你最好后面还有两倍于这个资金数量的储备。否则，你在经营几个月后，很容易处于资金紧张、周转不灵的尴尬境地，被动局面也就可想而知了。

4. 环境是决定你项目成功与否的外在因素，就是所谓的"地利"，主要包括这个项目的总体趋势、公司场所的好坏、人际关系的优劣，等等，是你成功创业重要的外在条件。

当你基本选定一个创业项目后，首先一点就是要判断它会不会赚钱，不会赚钱的创业项目，再好也是空谈。

判断一个项目是否是一个赚钱的好项目其实并不难，只要把握其中的关键点就可以了，一旦选择正确，就会抢得先机，拔得头筹，从一开始就立于不败之地！选好项目，再加上自己的努力，成功和赚钱就是可以预期的，也是可以实现的！

那么，如何选一个好项目呢？一般来讲，主要考查以下八个方面的特征，一旦符合，就要果断决策，立即行动，全力以赴！

1. 产品销路。产品卖出去，把钱收回来，这就是赚钱的生意。如果产品不好卖，再多的投入，再大的努力都没有用。

2. 市场空间。市场不够大，没有想象的空间，没有折腾的余地，项目一开始就没了底气，没了冲劲。这样生意就根本做不大。

3. 利润幅度。产品的利润幅度不够大，毛利太薄的话，很难赚到钱。搞不好，辛苦做了一年，年底一算账，不但赔钱还要贴人工进去。

4.趋势特征。把握产品趋势，追赶潮流也要踩好步点，赶早了，钱不好赚，开发市场成本太高;赶晚了，钱已经被别人赚走了。而且会越做越衰，越做越赔。

5.收入保障。看重眼前利益的"短平快"项目，很难让一个人真正赚到钱，真正赚钱的好项目是持续收益的，一年比一年轻松，一年比一年多赚。

6.业务模式。赚钱要靠系统，要有套路。单靠个人的蛮力打拼和胡乱折腾，是难以出成效的。业务模式的好坏，直接关系到赚钱的多少。

7.品牌效应。做生意要懂得借力借势，红顶商人胡雪岩经商的秘诀是六个字：布局、造势、摆平。选项目看品牌已经是妇孺皆知的道理了，关键还要选中非常有潜力的品牌，这就更需要敏锐的判断和独到的眼光。

8.培训支持。做生意赚大钱毕竟是有步骤有方法的,正所谓成功一定有方法，失败一定有理由。所以，好项目还需要好的培训好的支持和服务，否则，做起事情来，麻烦就来了。

当你选好一个赚钱的创业项目，热血沸腾地准备正式开工时，这时，请你静下心来，看一看下面赚钱创业中要注意的七个方面，相信对你会有一些启示。

1.当机立断。要赚钱必须果断，学会迅速地审时度势。快速决断能够使你占据领先优势，拖拖拉拉、畏首畏尾、不敢决断是赚钱之大忌，这会让你一次次贻误良机。

2.穷追猛打。成功者往往是持之以恒、埋头苦干的人，一个专心于目标并致力于此的人。做事有头无尾，遇到一点挫折就退缩是不可能获得成功的。要赚钱就不能怕辛苦，如此则成功可期。

3.眼观六路。这一招的要点在于注意与善于观察，对新观点、新事物要保持敏锐的头脑。可随身携带一个简便的本子，随时记下你发现的生财之道，有时间的时候加以整理，就会发现几个方法合在一起，能得出有价值的方案。

4.胆大心细。你必须认识冒险是有代价的。要知道世界上绝没有万无一失的赚钱之道。所谓"赚钱的生意不要抢"。盲目随大势，贸然作决定都是不可取的。要避免失败，就要处处小心，躲开可能碰到的陷阱。

5.借鸡下蛋。借钱赚钱，借鸡下蛋不丢人。赚钱的机会稍纵即逝，所以当机会来了，你一时又没有资本时，看准了不妨借钱出击。死守着有一分钱花一分钱的老观念将难成大事。

6. 动如脱兔。无论在任何时候都要有时间观念，决定做一件事情以后，行动要迅速，绝不能把今天的事留到明天去做。时间就是金钱，拖沓的作风是赚钱的天敌，行动不敏捷很难适应现代市场的竞争。

7. 隔山打虎。要学会与别人合作，而不是什么事情都亲自去做。因为你不可能是位全才，要学会不纠缠于鸡毛蒜皮的小事。巨大的财富通常是有眼光的帅才，同多才多艺的智者通力合作的结果，真正的赚钱高手通常是善于利用别人的能力赚钱的人。凡事亲力亲为只会分散你的精力，使你无法对全局作出判断。

作为一个创业者，在创业中还要格外注意一些问题，特别以下五个"死穴"要千万避开，不然不但会让你的创业项目做不大做不好，还会影响你和亲朋好友的关系。

这五个创业者的"死穴"是：

1. 熟人搭伙好开饭。

很多创业者在选择"合伙人"时，总喜欢在熟悉的"圈子"里找。由于彼此熟悉了解，因此在创业初期常凭感情做事，对于创业中出现的经营方向、用人问题、财务问题等也大都以忍让、和解的方式处理，而忽视了必备的契约签定和严格的约束制度。其实这种工作关系引发的矛盾和问题会逐渐显露，不仅不利于公司的快速发展，有时甚至导致公司步入破产境地。

2. 哪儿热闹奔哪儿。

有些创业者在确定经营方向时爱盲目跟风，哪行赚钱就做哪行，总觉得这样能减少投资风险，而且少走弯路。然而，市场运作有其自然周期，当市场过于饱和时，利润空间就会缩小，"一窝蜂"热潮有时正意味着"恶性竞争"即将来临。

任何投资都是有风险的，一旦跟错了，就会掉进投资的陷阱。因此，创业前周密的市场调查和理性的分析尤为重要。这如同股票投资一样，风险与利益共存，哪种股票适合做长线，哪种适合做短线，何时跟进，何时退出，都需要冷静对待。

3. 贪大求全寿命短。

公司在创建以后，成长是一个必经的过程。如果过分追求成长的速度，无异于拔苗助长。其实，公司经营好比一场马拉松比赛，不是看谁现在跑得快，而是看谁能在关键时刻跑到别人前面去。

在创业过程中，当公司效益逐渐凸显后，创业者不能一味地扩大营运规模，而应关注并妥善处理资金预算、市场预测，以及材料、人员相关要素的协调等管理问题。如果对这些问题没做好充分准备，那么高速的增长只能带来巨大的风险。

4. 你办事我不放心

无论作为老板的你有多能干，都不可能一个人做完所有工作。在不同专业范围内雇用有关的专业人才，给予他们发挥的空间，才能使各人尽展所长，令公司得到最大的利益。

自己要的人找来了，可是"你办事，我不放心"；很多老板就是学不会信任下属。这也难怪，不能埋怨诸葛亮没替刘备培养出干部，实在是小材难支大厦。商战的现实已经证明，一头狮子领导的绵羊是很难"走出非洲"的。疑人不用，用人不疑。

5. 跑得又快又省料

"多快好省"，这是理想化到几乎无理性的说法。又要马儿跑，又要马儿不吃草，似乎是萦绕在大多数老板心中的对下属的美丽期待。在中国，没有高薪想聘到良将的机会相当渺茫。当一个公司自己已经玩不转了时，想找几个帮手，才是明智之举。

4. 网上创业要做到"五心"

网上创业启动、运营成本低,人流量大,区域覆盖率广,商品信息不受时空限制,传播速度快。因而这些优势促使成千上万的网民涌上了网上淘金之路,就以开网店为例,仅在淘宝网一个平台,每天都会有上百家店铺开张。

但新店主能真正站稳脚跟,靠网店生存下去的并不多,因为网店的竞争也是激烈的。有数据显示,百分之四十八的卖家努力一个月后,没有成功就不干了;百分之二十五的卖家努力两个月后没有成功就不干了;百分之十五的卖家努力一个季度后没有成功就不干了;只有百分之十二的卖家在努力三个月后继续干了下去,而百分之八十的大卖家是从这百分之十二的人中产生的。由此看出,最初几个月的不成功,几乎能令一多半的卖家放弃努力。

之所以出现这个局面就是许多人创业时的心理准备不足,认为做网上生意很简单,只要把商品上架,就可以坐在家里收钱了。其实不然。网上创业和网下经商一样,机遇与风险并存,要想赚到钱也不容易。如果你想要成为一个专业卖家,最终取得成功,就一定要有应对挫折的心理承受能力,要对从事的事业有足够的兴趣,并且不要怀疑自己的能力,坚持走下去,只有"守得寂寞、用心付出"才能熬过最初的艰难日子笑到最后。

新人开一个网店,要把网店当成一个事业来经营的话,总结了一下,需要做到"五心"。

1. 网络创业要有决心。成功人士与普通人之间最大的区别，就在于"一定要干"与"我想要干"的一念之间。如果要网上创业取得成功的话，一定要"下定决心，排除万难"。现在网上创业因为门槛太低，竞争越来越激烈。比如仅在淘宝网这一个生意场上，同样一个款式的商品，就可以找到成千上万的对手。在这样惨烈的竞争条件下，如果没有决心，只是空想好运的到来，指望天上掉下馅饼是不可能的。

下了决心，就要有行动，而且动作要快，在别人还没有你拥有的宝贝时，你已经领先别人一步发布出去了，这就是商机！

2. 网络创业要用心。开网店其实比开实体店要辛苦得多，尤其是在开店初期，没有任何信誉的情况下，要不厌其烦地对每位顾客讲解有关产品知识后，才有可能获得一份交易订单。另外，网店不同于实体店，网店是用文字、图片表达你的商品创意和用心，以及对顾客的尊重，只有顾客看到了你的用心，并建立了信任感，才能愿意和你达成买卖关系，你继而不断提高小店的信誉和销售成绩直至走向成功。一个淘宝网上的钻石卖家说："网上开店，除了货真价实以外，各位商家竞争的就是比谁更用心了！"所以如果你网上创业的成绩不好，你可以问问自己："今天你用心做每一件事了吗？"

3. 网络创业要有恒心。开网店，并不是只要把商品上架就万事大吉等着生意上门了。其实网上做生意哪一方面注意不到都会使浏览量上不去，从而导致销售量下降，最终影响你店铺的生存状况。据统计，一个专业网商平均每天在电脑前的工作时间为十几个小时。这么长的时间，这么大的工作量，没有这恒心，肯定是会半途而废的。

现代社会是节奏飞快、竞争激烈的社会，网上创业即使不是开网店而是其他网络行业工作，哪怕做得很累，同样也要有一颗坚持下去的恒心。有个做网络营销创业的女孩每天都是这样支配的：

早上五点就醒了，然后迷迷糊糊再赖会儿床，就马上起床洗漱吃早点打扫卫生。

七点一刻左右出发，至七点四十分到公司。八点上班，新的一天开始：新客户开发、老客户回访、客户问题解答、招商会安排、加盟店客户的促销方案，人员招聘、面试……

中午十二点下班后，她一般喜欢立刻反锁门躺在沙发上，保证三分钟就能进入梦乡，没办法，上午转得太累了。下午是两点上班，但她基本不用闹钟，百分百会在两点之前醒来。午餐她要么就是不吃，要么就是随便吃点，中午的时间她最大的感受是要用来好好休息。

下午上班后，要忙一些安排好的和突如其来的事情，直到六点下班，但基本上她每天回家吃晚饭都是八点以后了……

如果以为网上创业就是舒舒服服地坐在电脑前点点鼠标、发发电子邮件什么的，那可就大错特错了。除非你当了老板，手下有了几十号人。网络创业初期，没有恒心，遇到挫折不能克服它并持之以恒地做下去，十有八九会要失败。

4. 网络创业要开心。

要把经营网店当作经营一种快乐。网络让相隔遥远的买卖双方不再感到陌生，网店交易，更能让双方互相信任与理解。如果你能时常保持一颗快乐之心，在日常交易中多一份平和、多一份体谅，让顾客感到你的用心贴心和尊重，还怕没有好评和回头客吗？网上创业虽然会很累，很辛苦，也会有受气、受委屈的时候，但当一条条热情洋溢的评价出现在你的信用评价时，你就会觉得过去所有的努力和付出都是值得的，感到自己和店铺存在的意义，这是比赚钱更开心的事情。

5. 网络创业要有一颗宽容之心。

先讲一个宽容能挽救人的生命的故事。

一位法师开门正要出去时，突然一位身材魁梧的大汉狠狠地撞在法师身上，把法师的眼镜都撞碎了，脸也撞出了淤青一块。撞人的大汉毫无羞愧之色，还理直气壮地问："谁叫你戴眼镜的？"法师笑了笑没有说话。大汉奇怪了，问："喂！和尚，你为什么不生气呀？"

法师淡淡一笑说："为什么一定要生气呢？生气既不能使眼镜复原，又不能让脸上的淤青消失。再说，生气只会扩大事端，若对你破口大骂或打斗动粗，必定会造成更多的恶缘，也不能把事情化解。"

大汉听后十分感动，他问了许多佛的问题及法师的称号，然后若有所悟地离开了。事情过了很久之后，一天法师突然接到了一张五千元钱的汇款单，正是那位大汉寄来的。

原来大汉在事业上一直高不成低不就，十分苦恼，婚后也不知善待妻子。一天他上班时忘了拿公事皮包，中途又返回家去取，却发现妻子与一名男子在家中谈笑，他冲动地跑进厨房，拿了把菜刀，想先杀了他们，然后自杀，以求了断。

不料，那男子惊慌地回头时，脸上的眼镜掉了下来，此情此景让大汉瞬间想起了法师的教诲，要有一颗宽容之心，何况妻子与男子并没有出轨的迹象。他马上让自己冷静了下来，反思了自己的过错。

后来大汉的生活很幸福，工作也得心应手并赚了大钱，所以专门寄去五千元钱给法师以示感谢。

网商也是商人。开网店也好，或从事其他网络创业项目也好，在网络空间的生意场上，买卖双方都是在虚拟的空间交流，买家都想用最低的价钱买到最好的东西，卖家又想利益最大化，这样一来，有时买卖双方有些摩擦、争执，都是很正常的。这就要求你经常抱有宽容之心，换位思考体谅对方，而不是发生一些不理智的语言冲突，甚至上论坛互喷口水，或者动不动就找小二投诉。要知道，宽容是一条环环相扣的纽带，让我们彼此相连，让我们认清彼此，珍惜生命。

宽大的胸襟可以为你带来更多的商机。

5. 适合网上创业的几类人

　　网络创业并不是男女老少每个人都能适合的，除了那些不会电脑、从没接触过网络的人，那些知识陈旧、技能单一、情商低下、心理脆弱、目光短浅、反应迟钝、单打独斗和不善学习的人，也都不适合网络创业。毕竟网络也是个需要点技术含量而且 PK 比较激烈的地方。

　　那么，哪些人最适合在网上创业呢? 据调查，下列几类人适合网络淘金，有些还取得了不菲的成就。

　　1. 在校大学生：积累经验锻炼能力

　　【优势】大学生普遍对网络比较熟悉，网上创业有着"近水楼台先得月"的优势。大学生创业虽然资金比较缺乏，但空闲时间较多，这个特点也非常适合开网店。对在校生来说，比较缺乏工作和社会经验，网上创业也有利于其积累社会经验，把书本上的理论用于实践，同时锻炼能力，为以后的就业、创业增加砝码。

　　【案例】某工商学院的杨某，二〇〇七年五月借助义乌小商品市场的天然优势，在淘宝网上开店创业。经过几年的打拼，目前杨某的网店月纯收入有三万元。他时常要忙到凌晨三点，中午十一点起床，然后接单、打包、发货、进货。他还雇用了几个客服，每人每月发给他们一千六百元钱，因为他时常要面对每天一百笔的网购订单和每月约二十万的营业额。出生于一九八五年的杨某，如今已拥有几十万的固定资产。

　　某大学女生宋某，一年前还是一个时常为生活费焦虑的普通学生，但如今她已是一名拥有三百多万元流动资金的"女大款"了。宋某开始的时候是试着售卖自己设计的女装，因为个性鲜明，引来了不少顾客。她便一边设计一边找人加工，还在网上推广，于是她的财富便如滚雪球般递增。二〇〇九年春节，她注册了自己的工厂。如今她已是一个团队的核心，团队中有助理，还有工人、客服人员以及临时雇用的摄影师。

　　【提醒】网上创业虽不需要太大的金钱成本和时间成本，但涉足这一领域的在校大学生需要合理安排时间，以学习为主，不能影响学业。此外，大学生网上创业方向的选择最好以兴趣为主，对销售的产品要非常了解，这样才能适销对路。

　　2. 在职白领：工作创业多元发展

　　【优势】很多白领都不满足于单一的打工方式，希望在工作之余尝试自己当老板，拓宽发展空间。网上创业是适合白领族的一种创业途径，白领平时工作较忙，但利用网络便捷的优势如开家小店等，不仅可体验自己当老板的感觉，还可结识更多的朋友。

　　【案例】易小姐在一家化妆品公司已经工作了两年，但几个月前，她换了个上司，相处得没有先前的那么愉快了，工作时情绪也常常十分消极；另外，由于公司内部的一些原因，她的薪资也被做了调整，不增反减。苦恼不已的易小姐，想通过一些兼职收入来弥补自己减薪的损失。于是，最后她寻找到了一个副业——自己开个网上小店。

　　恰好这时易小姐的一位朋友是做特价书生意的，而且愿意与易小姐合作，给出的进价易小姐也非常满意。于是她试着在网上开了个特价书店，没想到大受欢迎，生意很不错。随着网上的生意越来越好，易小姐决定投资店铺经营特价书。没花多少时间，店铺就找好了，地段在市中心。于是她开始装修、进货、请人，很快她的特价书店就开张了。易小姐只管投资，也不用亲自经营，管理店铺，她平时工作忙，只是偶尔去店里看看情况就行。由于店铺地段好，再加上特价书内容丰富且价格便宜，前来买书的人络绎不绝，因此特价书店生意也做得挺火。就这样，易小姐成为了拿双薪一族。

　　易小姐说，如今的她既赚到了钱，也有了一份自己感兴趣的事业，真是一举两得。

　　【提醒】网上创业，白领也要做好心态上的准备，并且分清轻重，底线是不影响正常工作。初期只要尝试就好，先进少量商品试卖一下，看销售情况再考虑增加进货量。

3. 初次创业者：尝试挖掘第一桶金

【优势】网上创业需要的资金不多，对场地要求较低，因此，对初次创业者来说，是一个很好的练兵机会。而且第一桶金挖掘成功后，对你的后续创业将会起到无可估量的推动作用。

【案例】二〇〇四年初，我从网上发现一个信息：有人正在出售一套某出版社出版的叫《XX投稿》的投稿资料，定价是每本一百二十元，一看就知道利润空间颇大。而当时正是国内众多作家、写手和自由撰稿人非常活跃的时期，而且队伍有越来越壮大之势，他们肯定迫切需要像这种已经整理好的、由正规出版社出版的新鲜、及时的投稿指南，做这笔生意肯定稳赚不赔！经过一番分析，我果断地跟卖书方订下包销合同：以每本十元的定价为他们包销一千本，因为他们急于回笼资金进行别的项目，便同意了。

要知道当时限于资金，我第一批只拿到了两百套实用投稿资料，因为用于购买这批书的两千元中，我当时只有五百元了，有一千五百元还是我跟别人借的。我是在负债经营，说严重一点，是背水一战，但是敢闯敢干历来就是我的风格，看准的事就要做下去，哪怕前面有天大的困难，也要想法克服。

拿到这批书后，为了配合销售，在网站推出了高级会员制，并与中文在线网站协商，取得了高级会员成为中文在线正式签约作家的授权。购买了正版的亿虎群发软件。还在北京的一家正式出版的杂志上加急刊登了一则售书广告。

二〇〇四年元月下旬起，我一齐推出了这套实用投稿资料的营销广告。同时在其他网站、论坛上大量发广告，甚至进行大面积营销。

通过我的努力，至二〇〇四年二月底，我进的一千余套实用投稿资料，以每套一百元的价格基本上售完了。这第一桶金，我就足足赚到了十万元！

【提醒】初次创业者有时由于缺乏经验，特别在经营方向定位上需要谨慎，否则将一着不慎，满盘皆输。建议网上创业之前先了解清楚网民的构成，了解主流网民的基本特征，再根据自己的资源、条件来确定经营的产品和策略。

4. 自由职业者：赚钱娱乐两者兼顾

【优势】不少自由职业者喜欢上网冲浪，他们网上创业主要不是为了赚钱，而是希望通过创业来充实生活，寻找一些志趣相投的朋友，使自己喜欢的东西同样会有人欣赏和喜爱。因此这类人创业风险较小，还可以此拓宽社交圈子，为今后的发展作铺垫。

【案例】小于是某大学的毕业生，毕业之后一直没有找到正式工作，但由于有之前的一些积蓄，所以吃穿并不愁。她有个小爱好：喜欢收集各式各样的鞋子，和浏览各种有关鞋子的网站。后来她干脆经营起自己的网店，和一位朋友一起开了一家网上鞋店。"这个店是我和朋友一起合伙干的，平时的销量也一般，但是每到换季的时候，就能接到不少网上订单，有时候一天可以卖出去好几十双，一个月下来，最多也能赚上千把块钱呢。"

小菲大学学的是英语，家境富有的她毕业后干脆没有跟那些求职者争得头破血流，而是玩票似地利用自己的专业优势开始网上创业——开了个小网站专门接翻译的活儿。"接的活很杂，比较重大的活就是给人翻译书，翻译论文，每一千字八十到一百二十元。还有一些小活就是帮人写英文简历和求职书，每次五十块钱。"小菲还告诉记者，她的一位同学大学学的是中文，现在还没找到工作，就通过网上联系，帮着一些出版商"攒书"。"现在社会上什么热门，他就'攒'什么，教辅、历史、励志……每'攒'上一千字可以有五十到七十元的收入。有时候一个月干得好了，也有差不多两千块钱。"

【提醒】网上创业开店绝不是一时的兴趣，既然做了就要做好。网上做生意，最重要的是服务，这些服务包括提供真实的产品图片、快递产品、售后服务等。这些都需要投入一定的心思和精力，如果敷衍了事，将影响网店的市场口碑，你网上创业的成效也会因此而打折扣。

第七章

Chapter 7

互联网盈利模式分析

1. 互联网盈利模式特点

二〇〇四年之前，我处在创业初期，由于没有创业经验，全靠自己慢慢摸索，并没有找到自己网站的盈利模式，做得很累却几乎赚不到什么大钱。直到二〇〇四年我转型投资特价书籍行业，又摸清了互联网盈利模式，通过创办大型特价图书网站，线上线下相结合，才算真正步入了网络淘金暴富一族。

那么，什么是互联网盈利模式？互联网盈利模式，又叫商业模式，简而言之就是网络公司是靠什么行业、哪些项目来赚钱的，即网络公司利润产生的行业、产品和利润结构是什么，说得再具体一点，就是公司的销售收入是通过什么方式产生的，又需要支出哪些成本和费用，最后的盈利状况如何，这种盈利模式有没有前景等。

对于一个网上创业的公司来说，研究并把握互联网盈利模式，是公司创办之初就要确定的，没有任何东西比这一点更加重要了。互联网很多电子商务运营专家和网络营销专家都指出：很多网络项目的失败，就是因为没有一个清晰可信的、明确精准的、看得见摸得着的盈利模式。

互联网盈利模式，是随着我国互联网事业二十多年来的不断发展而逐渐完善的。这里我们通过中国互联网经历的三个阶段，来理一理网站盈利模式的发展历程。

由于网站提供的主流服务不同，网站盈利模式的发展过程，也可归纳为以下几个阶段：

1. 早期阶段，也叫检索服务阶段。这一阶段由于互联网在中国刚刚兴起，一些门户网站提供的主要是搜索服务和网络接入服务，引导网民怎样利用互联网的信息资源。互联网早期阶段的网站，基本上没有大的盈利点，还处于一种探索阶段。

2. 中期阶段，也叫内容服务阶段。这一阶段由于互联网规模不断扩大，侧重信息内容提供服务的一些网站，开始成为市场主流，凭借其"内容优势"吸引用户注意，提高网站浏览量，并开始通过网络广告盈利。但盈利模式过于单一，其盈利能力较弱，难以承担市场风险。

3. 发展阶段，也叫多元化服务阶段。这一阶段互联网技术进步迅速，网络用户需求渐趋多元化，很多大网站开始提供包括网络游戏、电子商务、短信彩铃、网络社区等多样化的服务，网站盈利模式越来越趋完善。随着 Web2.0 的推广与应用，互联网进入整合时期，网站继而为用户提供个性化的服务，如博客、空间、播客、社区等，使网站进一步集聚了海量的用户，在免费服务的基础上，网站的有偿服务（盈利点）更加多元化、广泛化和坚实化。

一个网站如何才能做到最大化的盈利，这是网站要在竞争激烈的互联网上，取得生存的一个重要问题。通过对互联网盈利模式的观察，发现盈利型网站大都具有如下的基础、保证和条件：

1. 获得更多互联网用户的关注，是网站获得盈利的基础。

任何商业模式的利润均来源于用户，从根本上讲，用户是网站的中心，吸引客户的关键就在于分析我的网站能给客户带来什么样的体验和价值，然后才能采取相应策略去实现这些价值。所以具有盈利模式的网站中，充分发挥网络效应，吸引更多用户关注，提高网站的浏览量和点击率是其盈利的前提。在网站盈利之前甚至可以先把握用户心理，分析用户需求，给用户一些甜头尝尝，以找到真正的盈利点。

策划成熟的网站在设计盈利模式时，大都分析了潜在用户的心理，了解并分析了他们的真实需求，从而找到了真正的盈利点。

2. 在多样化的基础上寻求差异化，是网站获得盈利的保证。

从互联网的发展来看，网站的盈利模式经历了从单一化到多样化的过程。尤其面对互联网内容与商务整合时期的到来，网站的盈利基础都是基于多样化服务的广阔平台，细分市场领域，进一步抓住核心用户，挖掘潜在客户，提供个性化、差异化的服务。将多样化与差异化结合，利用差异化建立利润屏障，从而获得行业竞争优势。比如同样广告营销，很多人气不错的网站广告却怎么也卖不上一个好价钱，而英国的一个年轻人却想出了"百万格子"创意，他只是用十分钟的时间，简单地做了一个拥有一百万个小格子的网页，然后按一美金一个格子销售广告位，结果他赚到了数百万美元。

3. 追求创新、提升核心竞争力，是网站获得盈利的条件。

由于网络经济存在着可复制性，所以一个好的盈利模式容易被模仿；而互联网上成熟的信息服务可替代性强，用户的选择范围广，转换成本不高。所以具有盈利模式的网站要想维持客户的忠诚度、形成客户对网站的品牌认知，必须追求思路上、技术上、战略上的不断创新，通过不断深度挖掘已有的盈利点、培养产生新的盈利点来避免众多网站盈利模式的同质化现象，形成网站的核心竞争力。只有这样才能使网站在激烈的市场竞争中实现可持续发展。

目前互联网网站的盈利模式，种类繁多，而且各模式之间有很多的交集，网上也存在着不同的划分标准。这里我们就按网站不同的特点进行归类和分析，让网络创业者能从这些网上盈利模式中找到创业的思路和方法。值得指出的是，目前很多门户网站的赢利模式是以烧钱为基础的，而且它们这些网站本身就很强大了，我们无法按它们的盈利模式再 copy 一个同样的网站，那是不现实的。但创业者首先可以通过这些流量巨大、人气极高的大网站打造出自己的盈利点，其次开网站并不是最重要，能利用网络创好业赚到钱才是我们最终追求的。对如何通过门户网站赚钱的方法，我们也会一一介绍。

2. 网上书店的盈利模式

网上书店与传统书店的竞争，经常被形象地比喻为"鼠标"与"水泥"的竞争。网上书店没有实体，无需斥巨资设立仓库、租赁店面，还节省了人工，而且具有方便顾客搜索、查找信息等优势，这样就构成了网上书店的赢利模式，也构成对传统书店的竞争优势。

相对于传统书店，网上书店的盈利模式更加简明直接。

1. 通过网络服务的方便快捷，吸引大量的消费者。

传统书店在开店时，会对可能和潜在消费者的性别、年龄、收入、居住地等方面进行调查，还要关注和选择开店的地段、环境、客流量等，如果选址不当，则会对生意大有影响。而网上书店不然。消费者只要在网站进行消费便成为其用户，网站会保存消费者的信息，消费者每次下单花多少钱，多长时间下单，批发购买了哪些书籍，网站都会保存，以便消费者下次再来网站选购图书。网站还可以根据消费者的习惯和特点，推荐相应的书籍供消费者选购，使其购买图书更加方便快捷，目标性极强。网上生活方式的出现，也使很多不喜欢出门的消费者成为销售主体。此外，网上书店可供选择品种多、可二十四小时下单等优势，也是吸引读者的砝码。

2. 薄利多销，价格上大幅优惠。

现代都市人喜欢在网上购书，因为网上的书不但货源充足方便浏览，更重要的是价格便宜。很多书只需要标准价格的五到八折甚至一到二折。有的网站销售的数十万种图书，就是一折起批发，甚至还有更低的零点零八折的图书，而且全部是正版图书。这样很多人难免会有疑问，这样的价格，发行商和商家还会有钱赚吗？其实不然，虽然价格降下来了，但是由于网上书店都是采用直销模式销售，减少了中间环节，所以能做到薄利多销。

3. 与出版社建立合作关系，进一步降低书价。

很多网上书店都与一些出版机构建立了合作关系，不但进一步降低了书价，而且合作得到了双赢。

4. 灵活的配送，商品可直达全国，销售前景广阔。

网上书店的读者和消费者，来自天南海北，不受地域甚至国别的限制。"让消费者足不出户便能拥有心仪的好书"，也是目前所有网上书店主打的营销口号。因此如何选择合适的商品配送模式，以较小的配送成本获得较大的商品利润，也是网上书店的盈利点之一。

目前网上书店的配送模式主要有邮局配送、自营配送和第三方物流配送等。

邮局配送指网上书店通过邮局配送顾客订购的图书，是最初级的配送方式。邮局配送一般来说发货速度比快递要慢些，价格也是统一价，对网上书店让利幅度不大，但由于邮局在偏远地方也有网点，所以适宜于偏远地区的消费者。但现在网上书店和消费者，一般都较少选择邮局配送了。

自营配送就是网上书店自己组建仓库、配送中心并组织商品的配送。自营配送的优点是书店能拥有更大的控制权，同时确保商业秘密不会因为信息共享而外泄。但自营配送要求网上书店具有一定的经济实力，且物流配送是该书店的核心竞争力之一。否则，自营配送只会增加书店经营负担，增加商品的总成本。对于网上书店来说，我国新华书店、国有区域性书店以及卓越网等均使用这种配送模式。

第三方物流就是指由供方与需方以外的物流企业（如快递公司）提供物流服务。第三方物流包含长期合作的承诺，并且通常是多功能或过程管理的形式。第三方物流的优点在于集中核心力量经营主营业务（如快递公司专营快递业务，有专业的人员和经验），获得规模经济降低物流成本（快递公司通常比邮局配送便宜许多），实时配送减少库存水平（快递公司人性化服务，一般工作日随叫随到，上门服务），专业配送降低网上书店的经营风险，提高消费者的满意度（专业的快递公司都直接电话联系收货人，签字收货确保万无一失），提升网上书店的企业形象。第三方物流配送是大多数网上书店采用的配送方式。

3. 个人小站也有盈利模式

互联网上的个人网站，最常见的有四种类型：行业网站、娱乐网站、流量网站和垃圾网站。这些网站共同特点是不需要多大的技术，从建站到维护，网上有数不胜数的现成的代码和模板，甚至几分钟就可以很方便地捣鼓出一个站来。站长只要把精力放在网站的内容和宣传推广上即可。这四类网站的盈利模式也有很大区别，下面分别对这几类网站进行分析：

1. 行业网站的盈利模式。一般来说，行业网站只要有 50IP 以上的流量，就可能有盈利了。因为行业网站本身针对的就是特定人群，这类人群专业性强，只要是相关他们行业的网站，里面任何一个有相关内容的链接他们都不会放过。那么针对这个特点，选择 Google Adsense 和百度推广联盟，就是行业网站在拥有了50IP 以上流量时，最简单的盈利模式了。其中 Google Adsense 关键词的高匹配度，很容易让用户产生点击并为你赚到美金。

不过这里有一点要注意：Google Adsense 和百度推广联盟在你网站只有 50IP 多流量的时候，可能会申请不到，因为由谷歌和百度看来，这种流量太少了。不过这样也别灰心，网上有很多人提供 Google Adsense 和百度推广联盟的代申请服务，找一个价格适宜的让他们为你代申请一个，就好像网上代注册域名一样。当然，这类交易首先要注意账号安全，他帮你申请完后，最好是第一时间就修改密码和相关密码提示。

之后随着你网站内容的不断丰富以及外链的增长，行业站网的"钱景"也就越发体现出来了。当你的流量进入500IP以上后，你就可以在继续进行Google Adsense和百度推广联盟的基础上，再开拓出一片完全属于你自己的市场——出售与行业性质相关的产品。因为一般访问你网站的用户，恰恰就是你最大的潜在顾客，你只要把你的网站尽量做成该行业内有特色的佼佼者，进一步打响自己的知名度，到你网站询问产品以及购买产品的人将会是越来越多的，再加上你的产品好服务也好，市场份额也就会被你经营得越来越大。

另外，现在比较流行一种"窄告"的概念，就是针对更专业的浏览群体，其有效的用户比例会大幅提高。而且广告收入也是可以在一般的行业网站实现的，只要有较多的浏览群体（比如某一行业的专业浏览群体），就具备了网站广告收费的条件，当然，行业网站也可以作大型网站的广告合作伙伴获得一定的盈利。

2. 流量网站。流量网站一般都是做些时下的热门话题，吸引用户眼球，同样用户被吸引过来后，一般都是看了看就走了，下次还来不来你的网站就不一定了。所以流量网站的盈利模式，第一是广告。当然广告的形式有多种多样，有按点击量付费的，有按展示量付费的，你可以按照自己的需求来选择。但是如果你选择弹窗广告就要三思而行了。第二是做销售。你的网站拥有了庞大的流量后，有那么多人来浏览你的网站，其中说不定就有潜在的顾客。

4. 其他类型网站的盈利模式

除了以上四大类互联网网站主要盈利模式以外，还有以下七种较为专业性质的网站盈利模式，这里也详细介绍一下：

1. 手机短信网站盈利模式

手机短信网站盈利模式是指彩铃彩信下载、短信发送、电子杂志订阅等电信增值形式。互联网短信铃声下载，不仅为手机用户带来了更周到的服务和更精彩的铃声彩信，也为各大网站提供了一个非常良好的人气转利润的盈利模式，曾经一度短信铃声的营业收入占国内三大门户总收入的四成左右，可见其重要性。几年的时间，国内的短信铃声服务提供商（电信增值服务 SP）竟达到五千家左右，几乎每个进入全球排名前十万位的商业性网站和个人网站都在通过 SP 来获取经济回报，因为中国手机用户远远超过互联网用户。

以手机短信新闻为例。由于手机具有传播精确性和阅读强迫性的特征，因此也是手机短信网站开发新产品、寻找新盈利点的重要渠道。比如开发手机精准广告，可根据广告主的要求，有条件把广告精确发送到指定的人群。有一份研究报告显示，考虑付给中国移动运营商的数据流量费用，按照零点五元一条的价格，有效广告投放量总计只要达到每天二十万人次以上时，即可稳保实现盈利；即手机用户达十万户，每人每天接受两条广告时，就能实现盈利。具体盈利模式为：

按发送每条短信需付给移动零点五元计算，每天二十万的人次则为十万元，即每月需支付三百万元给移动。这是支出费用。

对于手机主，需要以为他们创造价值的方式来吸引他们，比如免去手机短信新闻订阅费、赠送一定数量的通信费等。按照现在手机短信新闻订阅费大部分在十元以下的情况计算，如果十万个订户全部免费，每月又要减收一百万元。加上付给移动运营商的费用，每月总支出为四百万元。

收入分析：手机短信每到达一个机主，就收广告主广告费一点五元，乘上二十万的人次为三十万元，一个月的总收入为九百万元。

最后总收入减去总支出，每个月的毛盈利收入可达到五百万元。光此一项，发展潜力就十分诱人。

虽然手机短信网站盈利市场非常大，但市场环境被搞乱。移动整顿 SP 时，盈利率下降，以此模式为主的上市公司市值较以前缩水。

2. 数字内容网站盈利模式

如果您经常上网浏览，会时常遇到有些网站的信息必须是注册用户才能阅读，有些甚至必须是收费用户，这就是网站特殊信息收费服务类型。

拥有知识产权的企业认为网络是新兴的高效分销机制，所以一些网站依靠其专业性极强的、有独特价值的内容而向用户收费，这就是所谓的数字盈利模式。比如采取部分内容只允许付费会员浏览查询等。又如，化工类网站，有许多的信息是非用户所不能阅读的，这与化工行业特性有关，其产品丰富、价格变化频繁、企业资金实力比较强等特性奠定了许多化工企业愿意付款阅读一些与行情有关的信息或历史资料。另外还有一些人才网站、电子图书、交友网站、在线电影等许多的关键信息也都是仅仅面向收费用户的。

这种模式适合于专业性强的网站，将是一个未来网站盈利的主流模式，随着用户消费习惯的改变，

全球互联网内容收费业务将如雨后春笋般露出头角，数字内容的个人收费模式逐渐会成为一种风尚。

3. 网上商城盈利模式

在电子商务发展的前几年里，很多购物者都用网络来了解产品的信息，比较价格和性能。网上目录盈利模式的一种类型就是网上商店模式，即网站的个人交易平台服务 (B2C 和 C2C) 模式。

相对于付费内容，C2C 一般交易的都是实物商品，主要有两种方式，其中一种是通过网站销售别人的产品。在国内的典型例子：淘宝、易趣、在线竞拍，从成功交易中抽取佣金。另一种是通过网站销售自己的产品。随着电子商务发展速度的不断加快，诚信、支付、物流等制约因素将逐步缓解，同时，网民的网上消费观念也将逐步成熟，可以预见的是，这种模式也将成为未来网站盈利大潮中的主流力量。

相对于 C2C，B2C 属于零售网站，比如当当网、卓越网等，并且各大网站也基本都拥有自己的网上商城。此类网站运作起来，受众群体大，建立信誉难度大，推广与运营的费用很高，要采用此类模式需要谨慎，除非在某一个专业的领域有足够的优势和充足的资金。在国内，网上零售的方式依然存在一些瓶颈，比如，资金流的信任问题、物流的欠发达因素等，所以很多的网上零售都处于信息流阶段，具体实现常常是"网上撮合，网下交易"，但同时这也具有灵活性的优点。

4. 娱乐游戏网站盈利模式

随着带宽不断扩展，娱乐也在不断升级，基于宽带的在线网络游戏、网络电影、电视点播将是网民娱乐消费的主流形式。计算机游戏和视频游戏是一个巨大的产业。仅美国每年在这类游戏上的消费就超过一百亿美元，其中来自网络的比例不断增长，现在越来越多的网站都提供付费游戏，访问者要玩必须付费，或付费后下载安装软件安装在计算机上，或缴纳注册费进入网站付费区。在国内访问量较大的有盛大的"传奇"，当然也有网易的"大话西游"等。

5. 咨询导购服务网站盈利模式

网络咨询导购服务，是通过网络咨询和导购服务收取费用的一种模式。

首先这种咨询导购的盈利模式，可以立足在某个特定的领域，例如情侣消费的经验问答，这是个庞大的潜在市场。如今青年男女在感情上的投入是相当大的，但是往往缺乏生活经验，例如生日、圣诞节和情人节等，不知道如何想出更有新意的礼品或场合。针对这些情况网站就可以收集编辑各类的相关问题，提供各种个性化的推荐。同时，线下整合商家资源和产品服务，通过网站，用户可以预约购买或消费，享受一定的积分或折扣。

这种基于人际社会关系经验以及文化生活经验的咨询导购模式，可以拓展到很多领域。如各种茶叶琳琅满目，但用户并不知道如何选购。因此，可以开个茶文化的咨询导购网站，指导用户在各种的社会关系中的人情往来该买什么茶叶，例如为领导选择茶叶、商务场合的茶叶、私人聚会的茶叶、给父母的茶叶和给情侣的茶叶等等经验。

这样的咨询导购的模式，解决用户实际生活中遇到的各种难题，因此具有广泛的实用价值，很容易引发口碑的传播。由于可以直接通过用户消费实现盈利，因此避免了广告收入不稳定的风险。只要分清楚哪些内容是吸引流量的，哪些内容是实现盈利的就可以。平台可以尽量开放，通过问吧社区等，让大家都来提供解决方案和商品服务，提高人气和流量，提高网站的广告价值。

值得注意的是，咨询导购类网站要整合独特的商品和服务，尽量吸引用户在自己的平台上选购，避免用户绕开平台消费，这样才能实现导购盈利。所以要以各种方式，比如自己采购包销商品、推荐的商品或服务是其他地方不容易找到的、"垄断"采购渠道、提供便捷和优惠的预订方式、提供商品购买咨询等各种增值服务，等等。

6. 旅游类网站的盈利模式

据预测，到二〇二〇年中国将成为世界第一旅游大国，届时旅游市场将有百分之十的交易额来自互联网。电子商务作为网络经济时代商品交易的最新模式，其交易过程要完全在虚拟环境下完成，因此近几年互联网上出现很多比较知名的旅游网站。

目前旅游类网站（包括一些网站的旅游版块）的盈利模式，大致分为两种：一种是通过流量盈利，即不区分用户群，完全以点击率为基础，赚取广告费用，如目前的门户网站搜狐、新浪等的旅游板块，它们只要依托海量的点击就是个上佳的盈利点；另一种是通过会员盈利，用会员卡的形式做销售代理，携程网就属于这种情况。

7. 城市消费服务型网站的盈利模式

城市消费服务型网站的针对人群，是形形色色的城市消费者。什么是"城市消费"？广义上它是指城市人群的衣、食、住、行等各个环节，但对于城市消费领域的商家来说，城市消费指的是城市人群的餐饮、购物、健身和休闲娱乐等方面的消费。

基于城市消费服务型网站的价值体现，其主要盈利模式有以下几个方面：

（1）收集海量和精准的城市消费信息，解决城市消费领域中"信息不对称问题"。

消费者一般对于特色推荐服务和消费咨询服务，都是持欢迎态度的，同时需求旺盛，并不介意比如付出每分钟一元的咨询费用。这样盈利点就出来了。比如可以先从网上和线下聚合并分类商家的信息，然后让市场人员实地进行商家加盟的动员开展工作；另一方面，网站通过点评、搜索、声讯电话咨询等等功能平台的开发，让消费者快速找到所需要的信息，并可以根据搜集到的信息决定自己的消费行为。

以提供咨询和预定服务的声讯电话为例。事先精确收集商家的位置、特色、环境和消费水平等数据，以提供查询；而提供特色咨询，则可以是两部分资源的整合：网友的特色推荐、点评的汇总，和网站美食编辑的收集发现。

消费信息类服务的收入模式和盈利点，目前比较切实可行的是消费、生活咨询费用。比如预定分成，和合作商家的谈判模式是，预定消费者享有折扣，预定之后，商家返还佣金给网站。

目前以信息搜寻功能平台为主打的网站，点评类的有口碑网、大众点评网和滋味网等，搜索类的有咕嘟妈咪、谷歌的本地搜索等，电话咨询类的有请客网，饭统网和中国电信的号码百事通等等。

（2）建立导购体系，促进定向消费者到加盟商家和目标商家进行消费。

一个成熟的城市消费服务型网站运营得好，可以通过以下方式对消费者进行消费引导：会员卡折扣、积分、预定折扣、优惠券等等。如请客网、吃乐网都采用了销售折扣卡的模式。这是网站从商家获得收入的基础，也是网站对消费者进行定向引导后，给商家带来的实质的收益。

目前以导购功能平台为主打的网站，会员折扣卡有八界网，通用积分类的有EKA会、紫页114，以预定折扣类有饭统网，优惠券类的有酷鹏网。

对应的赢利模式：网站会员与加盟商家发生消费联系的时候，消费分成也就有了实现的基础。

（3）通过线下的会员手册广告和DM广告拓展服务。

这个与其说卖会员手册广告，不如说是卖渠道，卖商家附近居民区或写字楼的宣传渠道。比如说一个在永康刚开业的酒家，不会希望你把广告卖到杭州去的。

将广告信息传达给附近潜在的消费用户是商家切切实实需要做的一件事情，也是城市消费服务型网站可以导入的一个切实服务。这种服务，在香港有些可借鉴的成功案例。

（4）改变行业营销模式，改变行业格局，从而对行业产生影响。

这是一个比较大的话题，也比较长远。

这应该是城市消费服务型网站做大做强的一个终极目标了。这又包括两个方面：

① 如果一个城市消费服务型网站的加盟企业，主要都是通过网上营销的力量而成为中国前一百名的企业，那么就会有大量的企业跟进到互联网营销体系中来，城市消费服务型网站也就有了源源不断的收入基础。所以，城市消费服务型网站有意识地打造自己的"明星企业"，是个不可小看的盈利点。

② 提供行业交流平台，促进企业间的合作。当前城市消费领域的企业，了解互联网的并不多，他们希望利用互联网的工具，带动企业的发展，但是自身的经验和人员架构又限制了他们对互联网的投入。一个城市消费服务型网站打造行业交流平台，事实上也是网络营销市场培育的过程。同时行业交流平台也有助于网站与企业保持良好的互动，为合作提供了可能。这个方面对应的赢利模式是，消费服务型网站对行业产生影响了，广告将会是一个比较稳定的收入。

第八章

Chapter 8

网站重在推广

1. 网站为什么重在推广？

　　网络创业者在网上建立了自己的网站后，如何让别人知道，尤其是让潜在客户和合作伙伴知道，这就网站推广的意义所在。特别是在网络经济与电子商务迅猛发展的今天，个人网站如雨后春笋般地蜂拥而来。根据 CNNIC 历次调研的数据显示，二〇〇二年中国个人网站的数量为一点八万，二〇〇三年为三点九万，比二〇〇二增加二点一万；二〇〇四年中国个人网站的数量为九万，二〇〇五年为十五点二万，比二〇〇四年增加了百分之六十八，二〇〇六年中国个人网站的数量达到二十四万，比二〇〇五年又增加了百公之五十八；二〇〇九年，中国个人网站的规模已经达到了四十二万多个。

　　面对着互联网上层出不穷的个人网站，网站如果不进行有效推广，就会永远不为人知，起不到建立站点的作用，创业心血也将可能白费。所以创业者在建立起自己的网站后，即应着手利用各种手段推广。

　　什么是网站推广？简单来说，网站推广就是如何让更多人知道你的网站。推广网站的形式多样，包括网站登录、广告推广、邮件推广、电视推广、搜索引擎推广、报刊推广和媒体推广等。

　　总之，网站推广的意义就在于：将你的网址连接到各大搜索引擎，只要有你的客户在这些搜索引擎中键入与你的网站（或你的公司）相关的关键字，就可以在众多的网站中找到你的网址。在国外，每当人们想知道某企业有什么商品、服务或新商品、服务，甚至只是想知道该企业有什么新闻时，他们就会习惯性地进入该企业的网址。因为大多数企业已经把所有的商品、服务信息发布于网上，并且定期在网上发布有关企业的新闻信息。如果你还利用 SEO 相关知识进行网站优化、搜索引擎排名控制，将你的网站（公司）做到百度搜索和各大搜索引擎首页的前三名以内，那么将会有数不清的客户每天搜索、查询你的项目、商品，网站流量海量增长，一句话，甚至你睡觉时网站都会帮你赚钱。

2003 年 3 月，我根据自己的兴趣和擅长，结合我在大学里所学到的知识和网络趋势，选中电子商务这个创业项目，并且创办了一家网站。随后针对性地向自由撰稿人和平面写手推广，积极宣传自由撰稿赚钱的模式，不断地原创和更新文章、充实网站内容。那时正是我创业最为艰难的时候，蜗居地下室、身无分文、遭遇非典、前途迷茫，但我还是咬着牙关挺了下来，坚持不懈地推广我的网站我的创业项目，为大家无偿提供大量新鲜有效的征稿信息。

艰苦的努力终于开始换来收获。随着网上的知名度日益加大，网站的流量飙上来了，最多时一天能达到 5000 多个 IP 的点击；注册网站的自由撰稿人和平面写手越来越多，很多会员留言称赞我的网站，有些会员热心地补充或更正了我网站资料上的一些错误，还有一些会员通过我的网站，互相交到了一些新文友。同时我的新会员也在不断增长。

这时候，我开始利用学到的网络 SEO 知识，通过"长尾关键词"的优化、合理分布网站内链、外链，等等，仅用了不到一个月的时间，就把我的网站做到了百度前几名。重新利用这个域名进行其他项目的创业，利用现有的网站关键词排名，仍然是会很容易地取得成功，并获得巨大的流量和回报。

这就是网站推广和网站排名优化的神奇力量。

国内网站推广成功的案例不少，这里以网址导航类网站为例进行分析。

网址导航站一般是指先收集并整理众多网址，再按照一定条件优化分类的网址导引网站。为了提高网站推广成效，各类网址导航站均采用了一定的方式，也有运用一种或几种方式组合联动推广。

1. 结合用户需求进行口碑宣传，如 hao123、265 等知名导航网站，凭借其良好的用户体验、合理的界面布置，通过口口相传的方式，在网民中获得了较好的口碑，也得到了极大的发展。

2. 通过软件集成、插件运行等方式设置用户电脑主页。当用户在下载软件或者浏览某个网站页面时，通过某些插件，用户的电脑主页会被设置为指定的网址导航站，用户会因为上网习惯而增加对此站点的访问。

3. 从网站的内容分类和偏向上下功夫，如114la进一步增强查询功能，这一措施增强了用户的使用忠诚度，提高了网站的使用率。

4. 对自身内容、操作性、布局进行了优化，如52导航，网民输入网址即可一站式享受便利的互联网体验。该网址导航站内嵌在全国八万六千家网吧的蝌蚪网维大师客户端上，不需要修改用户主页，网民在网吧只需要点击蝌蚪平台下互联网模块，即可选择网址导航，轻松进入52导航界面，享受导航功能。

网站多方式推广和网站优化，是创业者经营自己网站并取得巨大成功的有效途径之一。

2. 网站推广先从自身做起

"打铁还需自身硬"，网络创业者要推广好自己的网站，引来源源不断的流量和滚滚财源，自己网站的风格定位和内容是比较关键的一个环节了。网站主页的设计固然需要专门的技术，这也是凭着做网站的技术而驰骋的好地盘，但做网站之前更多的是要对整个网络的了解，对可能到来的访客的把握。有时你投入了非常大的精力，把自己的网站做得无懈可击，但最后来访者还是寥若晨星，这就是现在许多非常优秀的个人主页还默默无闻的原因。

要花精力分析和构建自己的站点，使得它产生更多吸引力，而这又是提高网站访问量的关键。不好的站点，没有人会喜欢。所以当你要创办一个网站之前，请思考以下五个问题：

（1）站点的定位是什么？你是做行业站还是流量站？

（2）哪类人群才是你的网站访客甚至潜在的客户？是想要成绩好的各类学生，还是爱好美丽的白领女性？

（3）你想让别人从你的网站里得到什么？有用的信息、优质的商品还是实用的技术？

（4）你的网站有什么方法可以吸引回头客吗？是靠亲切的广告还是靠贴心的服务？

（5）网站哪方面内容会使得访客逗留？这也是聚焦流量的一个重要方面。

概括地说，目前的网站从内容展示的方式一般分两种类型：第一种类型是为别人，即提供大多数人喜欢的内容（尽管自己可能并不喜欢）；第二类型是为自己，即把自己喜欢的内容提供给别人（不管别人喜不喜欢）。这两种类型中，第一种更容易获得网民的青睐，而作为一个创业者，要创办的个人网站几乎都要是第一种，你要赚钱，就得千方百计迁就"上帝"，吸引他们过来。

那么在网站界面上如何尽可能多地吸引浏览者，甚至留住不少回头客？网站站长可以从以下五点注意：

（1）网站要做得赏心悦目，并且尽可能使用最新的 web 技术来设计你的页面。没有人会喜欢一个做得简陋不堪，甚至枯燥无味的主页，浏览者甚至会对你的技术和商品表示怀疑；而最新的网络技术总是有良好的用户体验，和无缝的兼容环境。但在使用新的 web 技术时，要结合大多数浏览用户的实际情况，尽量与每一个人的系统兼容，以消除他们浏览你网站时的不快。具体举例来说，现在大多数人的操作系统基本上还是 xp 系统，你的网站就不要过多地使用只有 windows7 才能体现出来的特效；网页上的字体不要使用得过于繁杂，以防某些浏览者的电脑系统里没有你网站上的字体而显示不正常。

（2）如果你真的要把你的网上创业作为一个赚钱的事业来经营，就不要用网上的免费空间来作为你的服务器空间，也不要用免费域名来作为你网站的域名。要知道便宜没好货，免费的馅饼更是不太可靠。因为免费，你并不是这些域名和空间的持有人，一旦空间出问题了或你的域名突然被回收，对方是不会承担一点责任的，而你的辛辛苦苦建立起的网站却可能付诸东流，更遑论什么网站推广了。即使是付费空间，也要选择速度快、信誉好的，而不要那种连接超时了还没有见到半点动静的垃圾空间。

（3）做好一个网站后，千万不能一劳永逸地不管了，或者三天打鱼两天晒网式地更新。一个长时间不更新的站点，没有人会喜欢，最后搜索引擎也会唾弃的。所以，要随时更换你网站上的内容，即使想不出更新更多的内容，哪怕只是变化一个图片也是个可靠的办法。有些站长手上有上十个甚至几十个网站，这些网站同样也要经常更新，如果手动更新忙不过来，就可以使用网站群更软件，或利用更新带动器。总之，网站只有经常更新，才能永葆活力，有利于在百度的排名和流量的光顾。

（4）在 IT 技术飞速发展、"拷贝"、"粘贴"变得异常容易的今天，一篇有价值的文章出现在网络上，马上会被转帖到不计其数的网站上，网站资源的同质化现象越来越严重。但作为站长的你千万要注意，网站尽量多用原创文章，哪怕你自认为写得不好也不要紧，毕竟你不是文学网站。

（5）图片和能够千变万化的 flash 固然是网站首页的一个组成部分，但在一个创业型网站中，图片和 flash 最好不要用得过多。设计网站首页时，请记住以下原则：

不要把首页做成 falsh。搜索引擎对图片的识别能力很差，首页做成 flash，不仅不利于搜索引擎排名，而且还减慢了进入主页的速度，在一定程度上给你网站的浏览者尽快找到你又设置了一道小障碍。

不要把导航做成图片链接。因为搜索引擎是一个很大的数据库，而不是一个图片库。搜索引擎首先搜索到的是你网站的标题（包括你设置的关键字），接着再通过你的导航系统搜索到你网站的其他内页。如果你网站导航是文字链接，搜索引擎就很容易搜索到你网站的其他页面，以致能较快较完美地抓取你的全站。但如果你的网站导航全是图片链接，搜索引擎就会"迷失方向"，以致不能正常地抓取你的全站。

不要用大量的图片组成首页。任何一个搜索引擎都喜欢结构分明、层次清晰的网站，你若把网站做成一张美丽的皮，看可能是好看了，但搜索引擎却分不清你网站的重点所在，到最后很可能会弃你而去。

网站广告不宜太多。广告太多会影响浏览者的心情，也会分散他们的注意力，降低对网站内页的期望值和欢迎程度，时间长了甚至会对你的网站有反感。所以网站放广告要精准和适可而止，过多了反而不可取。

3. 推广网站的七个有效方法

即使你注重了网站的自身效果，让每个来浏览你网站的人，对你的网站都由衷地赞叹，但这仅仅只是网站推广的一个方面。网络上的个人网站浩如烟海、竞争激烈，要在它们中间脱颖而出，让更多人知道你的"网上创业据点"，可以轮流利用以下七个有效的推广方法。

1. 争取"傍"上一个导航类网址网站。如果你的网站有足够的独特性或公益性，但流量不大，知名度不高，那么设法加入导航类网址网站，其给你带来的流量将远远超过搜索引擎以及其他方法。据测算，把一个网站单单只推荐给"好123网址之家"，即使仅被其收录在内页一个不起眼的地方，每天的流量也会有200IP左右。

但并不是你的网站一提交给它们，它们就会收录，一般导航类网址网站都有它们的收录原则。

怎样让网址导航网站尽快收录自己的网站？一些站长的经验是：多做精品内容，多做外部链接，如果经济条件允许的话，可以去买点高质量的友情链接。这样很快网站就会被收录，接着你网站的流量广告和收入就会大增。

2. 尽可能做好友情链接。友情链接是具有一定资源互补优势的网站之间的简单合作形式，即相互在自己的网站上放置对方网站的logo图片或文字的网站名称，并设置对方网站的超链接，使得用户可以从合作网站中发现自己的网站，达到互相推广的目的，因此常作为一种网站推广基本手段。友情链接可以给一个网站带来稳定的客流，另外还有助于网站在百度、谷歌等搜索引擎上的排名。

设置友情链接时，要注意以下四个方面：

（1）最好能链接到一些 pr 值比较高的（至少要大于 3）、有知名度的网站，再就是链接和自己网站内容互补的网站，最后再是同类网站。注意你链接的同类网站要保证它的内容质量有特点吸引人，否则还不如不链接同类网站。

（2）交换链接要注意质量。友情链接并不在多而在于精。有时一个和你链接的网站即使 pr 值很高，但是它的链接很多（例如超过了五十个），这样链接这个网站就意义不大了，因为它平均分到每个站上 pr 值就几乎没有了。所以做友情链接时，对方网站的链接越少越好。

（3）做友情链接时坚决不要做对方的内页链接，做了也往往是没有任何意义。因为针对专门的友情链接页而言，这一页做好了友情链接就一劳永逸了，不会每天或经常更新，而且通常友情链接页也没有很高的 pr 值。

总之，认真做好友情链接的好处是，它们会让搜索引擎更多地收录你的网页。调查显示，全球百分之八十的网站的访问量，有百分之七十到百分之九十都是来自搜索引擎。因此，让搜索引擎收录更多的网页，的确是提高网站访问量的最有效办法。

3. 适当地投放一些网络广告。做网络广告虽然要花钱，但做得好的话给网站带来的流量却是很可观的。如何花最少的钱获得最好的广告效果，这里就需要一些技巧了。

（1）选择低成本、高回报。如果你的网站想获得较高的知名度，可以选择在报刊、电视等传统媒体的网站上做广告，最好是知名媒体。因为即使是个网站，知名媒体的网站在广大网民眼里，其权威性、可信度都比一般网站要强。如果你并不在乎名声，只是为了提高流量，那么，就可以选择名气不大但流量比较大的网站。目前，有许多做了多年的个人网站，虽然名头都不是很大，但是它们流量特别大，在这些网站上面做广告，价格一般都不贵。

（2）选择高成本、高收益。这个收益不是指流量，而是真金白银（收入）了。做这种广告对要投放的媒体非常有讲究。首先，你要了解自己的潜在客户是那类人群，他们的消费习惯，然后搜出他们出没率比较高的网站进行广告投放。比如你是代销是 PDA 手机、iPhone 商品等，针对的人群是高端商务人士，那么你就可以在他们聚焦出没的网站上做广告，也许广告价位比较高些，但是它给你带来的客户质量比较高，他们一旦看中了你的商品，一掷千金，给你的回报和你的收益，都是比较令人心动的。

（3）适当利用一下邮件广告推广自己的网站。如今没有人不讨厌垃圾邮件，因为它给人们的工作带来了很多不好的影响。但这种情况也不是绝对的。广告邮件大多都成了垃圾邮件，这主要的原因是发邮件的人对邮件受众的选择、邮件设计等都不讲究的原因。所以发邮件广告的时候，一定要注意以下几点：

① 不要在你的第一封邮件里面添加附件；

② 不要在邮件中包含太多的链接和其他无关的、花哨的东西。

③ 邮件的主题最好精心选择一下，建议要写得简单明了，吸人眼球，不要夸大宣传和自欺欺人。

④ 邮件内容建议采用 html 格式较好。内容要简短，排版要清晰。

以上四条很大程度上决定了你的邮件会不会被归为垃圾邮件，并会不会被收信人耐心地阅读。群发广告邮件几乎不需要什么成本，操作得好，还是会有一定的推广效果。所以仍不失为一种推广网站的方法之一。

4. 在网站里提供一些免费资源下载。虽说"天下没有免费的午餐"，但在你自己的地盘里，你可以给对你网站感兴趣的人提供一些免费的资源，如好看的电子书、绿色实用小软件、在线的实用工具等，让他们下载或在线使用，这样还可以吸引更多的回头客。要注意的是，你在提供的免费资源里，每一个都要有你的网站介绍、交换友情链接等广告（可以写在压缩包里），不要"媚眼儿做给瞎子看了"，把免费资源给了别人，自己却什么也没有得到。这些资源由于是免费的，所以连带你的网站可以被迅速推广。

5. 论坛宣传要做到巧妙。去某些相关论坛宣传你的网站，虽然要花费些精力，但操作得当的话，效果非常好。论坛宣传要选择有自己潜在客户的论坛（甚至是某些专业论坛），或者人气比较高的论坛（如天涯 BBS 等）。在论坛推广你的网站时，要注意几个策略：

（1）不要上去就直接发广告。这样的帖子很容易被删除。

（2）用好头像、签名等能自由发挥的地方。头像可专门设计一个，用来宣传自己的网站品牌，签名可以加入自己网站的介绍和链接。

（3）发帖求精不求多。不要上去就发很多帖子，到处都有你的帖子，这样反而会让版主讨厌你，也分散了流量。在论坛上发些高质量的帖子，专注一点，以软文的形式把你的网站详细地宣传一下，这样可以花费较少的精力，来获得较好的效果。

6. 利用图片广告推广自己的网站。

对于一个网站的宣传来说，图片广告是比较好的载体，因为它不像文字一样可以被轻易修改。所以可以经常选择利用 QQ 群、一些留言板或者论坛等，发上一些写有自己网站介绍的图片，对自己的网站进行推广。但如果在上述地方进行很露骨的宣传会引起他人的反感，甚至将你踢出群、删你的图片或干脆封你的IP，这样也就不能达到网站推广的效果了。

所以在进行这种网站宣传方式时，首先你的图片不能令人反感，更不要用粗俗不堪的图片，然后用 photoshop、光影魔术手等图片处理工具进行修改处理（包括写上你的网址或网站简介）。这里要记住：图片处理要相对精致，不要以为处理图片是在浪费时间。这样的图片广告多准备一些，然后整理成库备用。

剩下的事情就是选择不同类型的地方，投放不同类型的图片广告。要有针对性地投放，千万不要滥放。根据经验，比如在 QQ 群，一张大家都认为比较搞笑的图片上，即使有露骨的广告宣传，配合上当时的聊天气氛，让人反感的程度也会大大降低，你的网站并不会得到访问量。

7. 利用节日进行网站推广。

我们普通人一年要遇到多少个中外节日，相信不用多说了。而节日的特色就是街上有着很浓的节日气氛，大家心情都好，喜欢约上朋友一起去逛街消费，等等。网络也是现实的一种虚拟，所以节日期间网上也很热闹。所以我们可以利用节日这个元素宣传自己的网站。

比如圣诞节的时候，你可以做个美轮美奂的圣诞祝福页面，让想给朋友祝福的网友转发，当然页面下方要打上你的网站宣传。有个人做了这样一个祝福页面，结果圣诞节前三天内，他网站的日流量超过了四万 IP。后来他又在元旦节前如法炮制，做了个新年祝福的页面，当然在界面和功能上又改进了许多。这次使得他网站的日 IP 突破了六万。同时他的网站名声大震。

　　做这样一种祝福页面的时候，最好讲究一些推广技巧，比如在页面上做个退出时的弹窗广告。你的节日祝福页面做得精彩纷呈、赏心悦目，用户体验度好，网友看了后肯定会要发给自己的朋友。当他把这个网页的地址发出去，要退出这个网页时，你的弹窗广告这时再跳出来，甚至可以是弹出自己网站的主页。这样基本上不会引起网友对这个祝福页面的反感。

4. 利用博客来推广你的网站

推广网站除了上面提到的方法和技巧之外，很多站长还在利用博客来推广自己的网站。因为百度搜索引擎在采集网站的内容上具有喜新厌旧的特点，喜欢新鲜感，所以有很多原创文章的博客，自然而然地就成为它青睐的对象；长期培养一个或几个权重不断增加的博客，还会为你的网站带来高权重、高质量和高稳定的外链。所以我们正好可以发挥博客的优势来推广网站。

下面就分别来讲述怎样利用博客来推广自己的网站。

1.博客开在哪里好？对于这个问题，有两种方法。

一种是根据网站的内容，看一看你网站的用户群在哪里，博客就开在哪里。固然新浪博客的人气是最旺的，但如果你做的是商务型的网站，那还不如选择在阿里巴巴开博。同样的，如果你是 IT 类网站，到 CSDN（Chinese software develop net，中国软件开发联盟）写博客也不错；如果你是销售学习类商品的，可以去驻扎中国教育人博客。总之这么一细分，你的博客就会更贴近你网站的用户群，也就更容易吸引潜在的客人到你的网站上。

另一种是根据搜索引擎对博客的友好度来选择开博的地方。如相对于其他门户网站的博客来说，搜索引擎给新浪博客的权重要高一些，这样链接到自己的网站上，也有利于提高网站的权重。所以很多站长就直接在新浪建起了博客。

所以博客到底在哪里安家，上面的两种方法大家可以根据自己的实际情况选择一种。

2. 开几个博客好？对这个问题用一句话概括就是：宜精不宜滥。可以在新浪、雅虎中国、网易、阿里巴巴、和讯等这些知名的网站上都注册一个博客，因为这些知名博客流量大，比较适合做网站推广。但博客也不要上马得太多了，开多了每天更新都是负担。当然如果你有博客登录和维护的专用软件，并运用得得心应手，也可以尽可能多开博客。另外可以把所有博客的用户名和密码设成一样的，便于每次的快速登录和更新。

3. 这么多博客怎样写？那就要像写日记一样坚持了。可以写一些和自己网站内容相关的原创文章和伪原创文章，然后把你认为和推广网站最有关系的那篇博文置顶。还要坚持更新博客。把和自己网站相关的内容都写完了，没有题材了？不要紧，到网上看一看，哪些话题热门，就写哪方面的原创文章，发布到博客。这是因为反映热点事件的热门文章，容易被博客网站官方推荐到首页，在网上的曝光率也就高了。这样如果你置顶或推荐到博客网站首页的文章真有两把刷子，当然大家就会去你推广的网站里看个究竟了。如果你在博客里原创了一篇相当吸引人的文章，你可以先只在博客里发表一部分，然后在自己的网站再发表余下的部分，这样有意识地把看你文章还不过瘾的浏览者，都引到你的网站上去。

另外，每篇博客的标题要做得尽量吸引人。这样做的目的是，尽量把浏览你博客标题的人引到博客里面来，引到你的网站上去。

4. 博客资料重要吗？回答是重要！博客资料也是有效宣传你网站的好地方，所以资料要尽可能的详细，连自我介绍都要填写的很完整，这样会让别人觉得你的博客是认真在做的，而不是胡乱的发几篇稿件应付了事。认认真真写好博客，对博客权重的提高有一定的帮助。

5. 你和博友们联系了吗？尽量和影响大的知名博客建立友好关系。在博客网站里开博客，其实并不是"一个人在战斗"，不能总是在自己的一亩三分地上写写画画。多去拜访一下同行的博客，多顶顶别人的文章，处处留下个脚印。这样便于别人顺着脚印找到你博客。当你在别人的博客里留下脚印的时候，你称赞完他的博客后，可以有节制地打一打自己网站的广告，很少人会去删自己博客里的广告。你还可以在一些位高权重的名人博客后留言，并添加自己博客的链接地址。注意留言内容不要太生硬，要有软广告特点，一般这种链接不会被博主删除，可以增加我们网站的外链质量。

6. 一个博客推广网站的另类案例。

这里有一个用无数博客做 SEO 推广自己网站的案例，比较有创意，运用得好，确实会有很大的效果。

大约是在二〇〇五年的时候，音乐界最流行的两首网络歌曲：香香和杨臣刚的《老鼠爱大米》和庞龙的《两只蝴蝶》，在百度搜索风云榜里，这两个关键词每天的搜索量都在十万 IP 以上。但如果当时你去谷歌搜索这两个关键词，一定会让你感到意外，因为排在首页的基本上全是一个人的博客，也就是说这个人基本上把国内的博客全部申请了，而且他的博客都只有《老鼠爱大米》和《两只蝴蝶》这两首歌的歌词，再加一个试听链接，而这个链接链到的就是他要推广的网站。这样，每天都有几万人从谷歌搜索里进入他的博客，然后进入他的网站。这个网站的站长利用这种方法，使他的网站取得了很高的排名，非常成功。

5. 利用商品价格优势来推广网站

利用商品价格优势来推广网站，其实是网站应用得最广泛的一种策略，尤其是经营书箱音像类的网站。比如当当网，多年来就是以新书五至八折、满二十九元免运费，经常有不同主题的降价促销活动等低价优势来吸引买家；其他如卓越网等也大同小异。像淘宝、易趣等网上商城店铺的商品，则绝大部分都是以出厂价，有些店主还以包邮、免运费等优势平价来吸引顾客的。

作为一个网上创业者，在运用价格优势来销售自己的商品以达到推广自己网站的目标时，首先要确定自己的定价目标。定价目标也就是卖家希望通过制定某类商品价格要求所要达到的目的。

请注意你网店里商品的定价目标不是单一的，它是一个多元的结合体。网店常用的定价目标有：

1. 以提高或维持市场占有率为目标。

2. 以获得适当的投资回报率为目标。

3. 以应对或防止竞争为目标。

4. 以稳定价格为目标。

5. 以获得理想利润为目标。

6. 以树立形象为目标。

找准了你的定价目标，你还不能就忙着开始做定价，应该先掌握一些定价策略，这样制定出来的商品价格，才有利于网站的推广。根据网上商品和买家的特点，网购的定价策略主要有：

1.阶段性定价策略。阶段性定价就是要根据商品所处市场周期的不同阶段来定价。

如对于一些市场寿命周期短，花色、款式翻新较快的时尚商品，一般可以采用高价定价，并到那些收入较高的白领中，有针对性地进行宣传，他们对新商品有特别的偏好，愿意出高价购买全新的商品。

正确掌握降价的依据和降价幅度是非常重要的。一般应该根据具体情况来慎重考虑。如果你的商品有明显的特色，有一批忠诚的顾客，这时就可以维持原价；如果你的商品没有什么特色，就要用降价方法保持竞争力了。但不管怎么降价，都要避免引起价格战，最终导致店铺亏损。这可不是我们利用价格优势推广网站的初衷。

2.商品组合定价策略。把一组相互关联的商品组合起来一起定价，而组合中的商品都是属于同一个商品大类别。比如男装，就是一个大类别，每一大类别都有许多品类群。比如男装可能有西装、衬衫、领带和袜子几个品类群，就可以把这些商品品类群组合在一起定价。

对于既可以单个购买、又能配套购买的系列商品，可实行成套购买价格优惠的做法。由于成套销售可以节省流通费用，而减价优惠又可以扩大销售，这样流通速度和资金周转大大加快，有利于提高店铺的经济效益。很多成功卖家都是采取这种定价法。

比如买一件西服上衣，打九折；买一套带领带、背心的西服套装，打七折，那顾客会认为还是买整套装划算。

而对于质量和外观上有差别的商品，则可以分成不同的等级，分别定价，以促进销售。比如对于低档商品，可以把它的价格逼近商品成本；对于高档商品，可使其价格较大幅度地超过商品成本。但要注意一定要和顾客说清楚这些级别的质量是不同的。顾客选购时就会盘算：我买低档品，就是图便宜；如果要送人，就要买贵的高档品了。

3.利用买家心理定价策略。消费者的价格心理主要有：以价格区分商品档次、追求名牌、追求廉价、买涨不买落、追求时尚、对价格数字的喜好，等等。这样在商品定价过程中，就可以考虑顾客在购买活动中的某种特殊心理，从而激发他们的购买欲，达到扩大销售的目的。

利用买家的心理来定价的几种方法有：

（1）同价定价法。我们生活中常见的一元店，采用的就是这种同价定价法。因此，把你网店里的一些价格类似的商品定为同样的价格销售。这种方法干脆简单，省掉了讨价还价的麻烦，对一些货真价实、需求弹性不大的必需品非常有用。

你可以在店铺中设立十元专区、五十元专区和赠品专区等分类，这样的商品目录很清晰，便于顾客选择。

（2）数字定价法。这种方法属于心理定价策略。比如"八"和"发"经常被人联系在一起，所以用"八"来定价，可以满足顾客想"发"的心理需求，所以一般高档商品的定价都会带有八字。另外，经过多次试验表明，带有弧形线条的数字，如5、8、0、3、6容易被顾客接受，而1、4、7不带弧形线条的数字就不太受欢迎。

在定价的数字应用上，要结合我国国情，尽量选用能给人带来好感的数字。比如很多中国人都喜欢"八"、"九"数字，会认为这些数字能给自己带来好运，但大部分人都不喜欢四字，因为和"死"同音。

（3）分割定价法。使用小单位定价，如：每千克一千元的人参，定成每克一百元；小麦每吨两千元，定成每千克两元。

（4）低价安全定价法。

低价安全定价法属于薄利多销的定价策略。网上商品天生就有低价的优势，如果卖得比超市价格还高，谁还会来买？这种定价方法比较适合快速消费品直接销售，因为它有很大的数量优势。低价，可以让商品很容易被消费者接受，优先在市场取得领先地位，所以如果你做的是厂家的网络营销代理，就可以采用这种安全低价法。

什么是安全的低价？成本＋正常利润＋邮费或快递费，就应该是安全的低价了。正常利润一般在成本的三分之一到三分之二之间。

在定价时，要注意运费的设置要合理。在网上一般卖家承担运费会让买家很高兴。所以卖家完全可以把邮费算到商品的价格里。比如在商品标题中写道："一口价包邮烤面包机仅需三十五元"。这样顾客一旦选择了你的商品，就可以清楚地知道自己要付出的价钱。这类定价一般适合小物品，如邮票、书籍、CD等。

还有一种常见的定价方法，由买家承担运费，比如平邮五元，快递十五元。对于服装、包包、饰品等不太重的宝贝，这种定价是合理的，买家也容易接受。

网上顾客最不喜欢的做法是，卖家把商品价格定为一元，但邮费却定为三十元、五十元甚至更高。这会使买家有明显受到愚弄的感觉。

网上商品定价的基本原则是：网上商品定价一定要遵从稳定性、目标性和盈利性的原则，这样对你利用价格特色推广网站很有好处。

稳定性是指同类商品价格不要在很短时间内波动很大，特别是降价。这样做的结果会使老顾客感觉上当，新顾客又会驻足观望。目标性是指你要时刻注意你的商品消费群体，因地因时制定价格，不要把低档品高价卖出。盈利性是说不要打价格战，这样对谁也没有好处。对卖家，因为利润太低，甚至亏本，势必会降低质量和服务；而对买家，因为价格太低，也会对商品质量产生怀疑。

总之，你网站商品的价格定得科学合理，符合消费者心理，就会逐渐变成你网站的一个显著的特色，吸引越来越多的忠实顾客，最终你网站的名声也将在产品质优价廉的赞美声中，一步一步做大做强。

第九章

Chapter 9

抓住每个客户，
不损失每个成交量

1. 让你的网站和客户互相记住

网上创业，拥有稳定的客源是较为重要的一环。你的产品再好，服务再优，价格再低，如果没有客户前来光顾和购买，没有打开销售渠道，前面的都会是无源之水、无本之木，创业赚钱也就成了一句空话。在众多的个人创业网站如雨后春笋般蜂拥而起时，有很多创业者都以为只要建一个网站，并推广出一定的名声后，拥有了较高的网站流量，就会有大批的客户涌上门来，其实目前网络营销的一个基本现状是百分之九十五以上的访问者在浏览网站后，都没有主动与网站联系，也就是说拥有网站的创业者每天都在流失百分之九十五的网络商机。那么怎样才能留住更多的客户，甚至逮住每一个客户，不损失一桩成交量呢？

首先我们应该了解网站用户的上网行为特征。单个网站用户的行为往往是无意识的、充满随意性的，然而大批网络用户的行为中，却蕴含了重要的线索。比如，进入一个网上书店，搜索"特价书"关键词进来的用户，就很少会去看价格昂贵的珍藏本。

不同的阶段，作为创业者，我们关心的重点应该都会有所不同——在推广阶段，我们需要了解通过广告和关键词带来了多少流量，哪个渠道更加重要；当用户来到网站后，要将他们需要的内容展示给他们，将浏览者转化为购买者；当用户完成一次购买后，需要长期留住他们，不断提升单个客户价值。

所以如果你是自己创办了一个个性网站（而不是网上提供的行业类模板网站）

来创业的话，你要做的就是：通过对网站的设计，让你的网站记住每个客户和潜在的消费者；让每个客户和潜在的消费者记住你的网站。

1. 让网站"数据"说话，尽量搜集用户购买意向。

这需要你定期做一次网站访问者情况统计，包括：

（1）基本信息统计。比如访问者使用的操作系统、浏览器，屏幕大小等，以及来自于省份、地区的比例分布。这些可以帮你为不同的用户设置不同的界面，提升他们的访问体验。

（2）网站流量情况。网站浏览、购买的时间地点分布。

（3）访客忠诚度统计。这是重要的运营指标，包括活跃用户比例、浏览 / 注册转化率、浏览 / 购买比例、二次回访用户比例、二次购买用户比例，等等。

（4）通过相关统计，了解访问者主要通过什么关键词、哪些链接进入了你的网站。

（5）分析用户的行为轨迹，统计后获得网站商品浏览、销售情况。比如最热商品排行、最热类别排行；上升最快的商品排行，转化率最高 (低) 商品排行；网站滞销商品等。

2. 通过个性网页深入了解用户，促销用户。

对上述用户数据进行统计分析后，我们就可以在网站上为不同的群体和个体展示不同的主页，这不仅可以带给用户更好的购物体验，还可以根据活跃用户的购买、浏览数据，帮助其他用户快速找到他们喜欢的内容。更重要的是，我们可以发现用户真正的喜好，而不是无目的地排列一些热销商品。当他们再次返回主页，就能把他们感兴趣的内容展示出来。

比如搜索"礼品书"这个关键词进入网站的顾客，进入网站的第一页就看到了各种琳琅满目的精美礼品书，必然大大加快他下单的速度。又如，我的网站上有"商业营销"的书籍专区，通过数据分析，发现在该专区逗留购书的用户还会进入"财经管理"页面，浏览一些与商业营销书籍匹配的产品，我就可以把这些产品与商业营销的书籍一起展示出来。

这样，通过相关链接，一次展示许多内容。即使用户没有进行更多的点击，也看到了所有感兴趣的内容，大大提高了用户购买转化率。

3. 跟踪用户的行为轨迹，主动导航他们的操作。

一般说来，网络页面是一个漏斗式货架，用户想进入下一级页面的意愿是递减的。在寻找中意的产品时，他们会进行平均三次的点击。如果在三次以上还没有找到他们的内容，放弃的可能性就大增。

而一般的网站导航往往是静态的，尽管许多网站已经提供了用户浏览历史的功能，但是都没有提供可以下一步操作的导航。用户的单次点击行为往往带有一定的随意性，而更多的浏览路径就能更好地反映他的兴趣。我们可以充分利用用户这些隐性的线索，以及其他购物者的经验数据，制作动态的导航，为用户提示他可能购买的产品，或者下一步操作的提示，防止用户流失。

4. 精准地交叉销售，提升客户体验度

下单之后是进行交叉销售的好机会。分析其他用户的购物习惯，可以知道购买该产品的用户，还购买了哪些其他产品，可以在适当的位置推送给用户，让其打包购买。这不仅不会造成用户的反感，反而会让他感觉非常体贴和周到，同时也降低了对整体购买的价格敏感度。

5. 尽可能利用每个信息，直到榨干它们。

网站的每一个位置都是有价值的，也是宝贵的，要合理地优化每一个位置，放置用户最有可能购买的商品。做到"有多少个用户，就有多少个店铺"。记住，在再次投资之前，尽可能把现有的数据资源好好利用，榨干每一个信息所带来的价值。

6. 做好网站与用户的互动工作。

互动是创业营销中最重要的一环，因此当用户浏览你的网站时，网站最好能以更多手段来支持"互动"。比如你的网站可以在醒目的位置显示"联系电话"、"在线 QQ"、"在线 MSN"等。网站注册不能忽视，然而网站注册并不是简单地设置注册区，而是在客户的访问过程中，通过提供更多的内容来满足客户的需要。如：客户浏览"产品介绍"时，就链接"产品详情"，如果客户有兴趣，简单的产品简介就不够，就需要更完整的产品介绍，客户必然会点击"产品详情"。以此类推，可以设计更多的内容来满足客户需要，客户获取这些信息时，就需要注册，只是注册方式需要改变，将注册信息分为联系信息和需求信息，除基本联系信息需要客户填写外，其余信息可以通过选择的方式来完成，由此提高客户注册的可能等等。总之将网站浏览者转变成为真正的客户，需要更多互动方式，除前面介绍的外，还有客户留言、在线广播、集成短信等。

7.让客户对你的网站有种欣赏感，并且进一步产生眷恋感。

客户找到了你的网站，并且在你的网站停留了片刻，得到了正是他想要的信息，并且还意外地发现了其他更多他想要的信息。他非常惊喜，感觉非常满意，觉得你的网站确实为他提供了有价值的信息，而且还有很多意外之喜。于是他就把你的网站加入到了收藏夹中，而且把你的网站推荐给了他的朋友。

下次他在需要同类型的信息时，又想起了你的网站并再次造访。他发现你网站访问的速度还是那么快，内容又更新充实了很多，而且还有许多对他而言极有价值的信息，他再次感到了惊喜，于是把你的网站介绍给了他的亲朋好友，大家都来访问你的网站，你的网站就是这样慢慢地壮大了客源。

8.记住你的网站需要不断创新，以新求变。

网站稳定经营一段时间以后，稳定的客源突然变得有点不稳定了，这时候你的网站就必须考虑如何创新了。因为一个一成不变的网站，第一无法吸引更多喜欢新鲜的客户群，客户不稳定的原因也可能就是他们被竞争对手拉过去了；第二因为很多人知道了你这种网站能赚钱，所以很多人在疯狂地模仿你。在这种情况下，你一直要保持着一种别人没办法快速模仿的方式去做网站，能做到"一直被模仿从未被超越"最好。如果感觉到"快被超越"了就得想到要赶快创新了。

对一个网站来说，其创新方式主要体现在改版上，网站改版成功了，更多地强调了用户体验，客户群体会继续壮大，但一旦改版不成功，则可能会连原有的铁杆客户都会流失而去。所以改版计划要尽量筹划得周密稳妥，最好是能让用户平衡过渡。

2. 通过网络营销沟通吸引客户

创业赚钱离不开营销，而营销的对象就是客户。在互联网早已普及的今天，在网上创业传统的营销方式已经不适应了，于是更加方便快捷、具有个性化的网络营销便应运而生了。而通过网络营销沟通来吸引有意向的客户，也是我们逮住每一个客户的有效方法。

首先我们来了解一下网络营销沟通与传统营销沟通的区别。这种区别主要是两种沟通的方式不同、理念不同和对象的数量不同。

1. 沟通方式的不同，

从推到拉的转变。传统的营销沟通模式主要是推的模式，即企业通过信函、电话、面对面交谈、电视、广播、书刊等方式单向将营销信息推送给顾客。网络营销则通常是由消费者在网站上搜索信息发起联系，因此是一种拉的模式。与传统沟通相比，营销者没有那么多主控权，因为一般很难和客户面对面沟通。

所以在网络营销沟通中，网站要用吸引客户的网页、便捷的联系方式、醒目的优惠广告，以及认真细致的 QQ、MSN 服务、接近与客户距离的语音服务等等技巧，来拉住客户。

2. 沟通理念的不同，从说服到迎合。传统营销中，营销人员经常通过各种花言巧语以及营销花式，来说服消费者接受自己的观念和企业的产品。因此他们是站在企业的角度进行营销。在网络营销中，企业主要是从消费者的个性和需求出发，寻找企业的产品、服务与消费者需求之间的差异和共同点，并在适当时候通过改变企业的营销策略来满足消费者的需求。

3.沟通对象数量的不同，从一对多到一对一。传统的推式沟通具有一对多的特点，即从一个公司流出来的信息被传递给众多消费者，但该类信息缺乏针对性，比较盲目。而网络营销沟通可以根据消费者的个性特点，通过网络对话等方式，向各细分顾客群提供定制信息，甚至可以根据消费者的偏好传送个性化的信息或服务，因此可使供需双方信息对称，实现一对一的深层次双向沟通。

其次，我们再分析一下网络营销中消费者在购买商品时，基本上有以下三个特点：

1.网络消费的个性化需求强烈，网购呈现独特性和超前性。由于网络消费的对象绝大多数是那些年轻消费者，他们希望通过在网上购买到传统市场中暂时无法买到或不易买到的产品来彰显自己的与众不同，因此以他们为主体的消费结构与需求越来越呈现出张扬个性、变化多端的特点。

比如淘宝网上除了有海量的传统商品外，还有卖服务、卖创意，卖时间，甚至卖所谓"二〇一二年诺亚方舟船票"的。

2.网络消费需求向低层次转化，应时产品能及时迎合他们的需要。随着网络消费的逐渐成熟，消费者已完全掌握了网络消费的规律和操作，加上网络消费价格远低于传统市场价格，久而久之消费者便趋向于对服饰、化妆品、电子产品等价格低廉商品的购买。据统计，在淘宝、拍拍、百度有啊、京东商城甚至易趣上，针对不同的季节马上就会有不同的低价而热销产品即时上架。假如现在是秋末冬初之际，网络商城上便会有皮衣、加湿器、护手霜、汽车保暖坐垫、暖手宝等商品登场。而像以出厂价出货的手机、数码相机、各类丰胸、美白、减肥等类的产品，经常是网络商城里的抢手货。

3.消费者网购的警惕性不断提高，消费越来越成熟。很多网上购物的常客，在初期可能经历过一些网上诈骗等类似的消费遭遇，但随着网上购物经验的日积月累，他们对各种虚假信息已提高了警惕性，消费者也不再有刚上网购物的那种新鲜感而轻易跌入那些天花乱坠的购物陷阱。所以他们选择商品里日趋理智，往往是货比三家最后才作决定；这也就催生了"第三方担保交易模式"平台支付宝的出现及其风靡。

因此针对网络消费者在网购中的上述特点，创业者就要以不同于传统营销模式的网络营销来沟通吸引客户。

首先，创业者应根据自己产品的品牌形象、品牌个性，品牌文化及消费者目标群来设计自己的网站。同时，在确定商品名称描述信息时，尽可能将买家会使用的、与本商品密切相关的关键字都写到标题中，这样可以大大增加被消费者搜到的机会。例如，如果你卖化妆品，可以将你的一款美宝莲产品，取名为"美宝莲（Maybelline）美白无瑕粉底系列"，这样，消费者在用"美宝莲"、"Maybelline"、"美白无暇"、"粉底"、"粉底液"、"粉底霜"等多个关键词都可以搜索到你的产品。

其次，在销售商品的介绍上要保证其真实、明确，让消费者看后能够明白商品的主要指标、性能，不产生歧义。另外，在描述商品信息时，要尽量提供详尽而不繁琐的、突出商品特点的各种信息，进而激发消费者的购买欲望。最后，应注意价格描述与磋商。价格上的优惠是顾客上网购物的重要原因之一。因此现在很多网上商店都将商品价格分为市场价、普通会员价、VIP 会员价，等等。这样的价格描述让消费者意识到，与商店的关系越密切，得到的价格实惠就越多，从而更有利于顾客忠诚度的提高。

第三，你的公司（企业）应开展大量的宣传推广活动。在这个过程中的交流，主要是希望扩大你的品牌或商品的知名度，让消费者在一定程度上接受所宣传的商品。对于不同的客户，既要有个性化的表达沟通，又必须掌握多种共性表达方式与技巧，以体现你的公司（企业）的整体形象。在宣传过程中，你除了通过网页宣传外，还可以通过电子邮件传递信息，或是与各种游戏或聊天网站建立合作伙伴关系、并间或开展线下广告活动来建立与顾客沟通的渠道，从而增强消费者对你公司（企业）的忠诚度与可信度。

第四，重视售前、售中、售后服务中的交流。网络的相关礼仪非常重要。网上网下行为要一致，在交流过程中，要给消费一个明确的意思表达，不要因模棱两可而产生歧义；分享你的知识，这不但可以增强自己在消费者心目中的好感，还有助于激起消费者的购买欲望；尊重他人的隐私，不随意泄露用户个人信息；注重感情联络，如定期发信、节假日有促销活动时主动与客户联系，或在适当时候给客户送小礼品或提供其他附加服务等。同时还要做好信息的收集，发掘有价值的客户，了解客户的心态和需求，为挖掘潜在客户和留住老客户做资料上的准备。

　　这里值得一提的是，很多的网站，网页都做得很精美，内容也是消费者所渴望和需求的，但是销售的临门一脚没做好，没有在最佳的时间内达成销售，致使很多的网友离开了页面，第二天他们就找不到这个网站或者已经把这个公司（企业）的名字忘到九霄云外去了。所以，网站上各种宣传的努力，最后的目的就是达成销售，一定要做到这一点。

3. 与客户成功沟通应遵循的十条法则

虽然你是创业者，不是专职推销员，虽然你做的是创业工作，而不是要成天围着推销产品转，但是为了把你的网站宣传出去，把你的项目和产品销售出去，你和你的合作伙伴也许就不得不和形形色色的客户打交道了，而从公司（企业）创效益、产品要赢利的角度来讲，你们也就无形中沦为"业务员"和"销售员"的角色了。

不久前，一项关于商业人士信任度及道德品质的调查显示：保险推销员和汽车推销员的名誉最差。对此，你可能并不感到惊讶，但并不是只有保险推销员和汽车推销员才有如此坏的声誉，调查显示，百分之八十五以上的顾客，对销售人员没有好感。

其实，事情并非不可避免。如果销售人员掌握了下面这些技巧，就会使人们对销售过程有不同的感受。同时，掌握了以下这十项法则，销售人员自己也会发现，其实销售工作是最有价值的工作。

这里值得一提的是，这些从传统营销中提炼出来的法则，同时也适用于网络营销，适用于无需太多观察对方表情的打字或语音的即时通讯营销。

法则一：少说多听。

这在所有销售活动的最初几分钟里是最重要的一点。1. 不要谈论自己，2. 不要谈论自己的产品，3. 不要谈论自己的服务项目……总之，不要进行自己的业务陈述。

虽然你想介绍自己的情况,想告诉客户你的名字及你此次交流的目的。但是,你却不可以滔滔不绝地讲自己的产品或服务项目,因为现在,你毕竟还不知道你的产品或服务对于对方来说,有没有实际价值。

法则二:如果被问到什么,要马上做出回答。

记住:这不是关于你自己,而是考察你是否适合于他们。如客户某些问题有较强的通用性,可以事先备好通用的答案,到时候流利而合适地回答出来,这对客户给你的印象分很有好处。

如客户问:"你们是什么样的公司?"你马上可以回答:"我们公司是一家精诚为大家提供网络服务的公司,我们公司追求的并不是短期利益而是长期的发展,很多客户都给予了我们很高的评价。我们也会以实际行动告诉您:只要您选择了我们,就一定让您满意!"如果客户又问:"与其他公司相比,你们公司有哪些优势?"你可以立马答道:"我们不便对其他公司进行评价。但是,我可以告诉您,作为公司,首先是将长远目标放在首位,我们会以我们的诚信对待第一位客户,用我们实在的行动来做出我们公司的服务特色。"

法则三:像对家人或朋友那样与顾客交谈。

永远不要转向说服性的销售模式。虚伪的谈话方式、夸张的口吻和催眠术似的销售引导,在当今讲究专业的商业环境中都不再适用。正常的交谈(当然要恰如其分),就像对待你的家人或朋友一样。

为了接近你和客户的心理距离,还可以跟客户谈闲话。谈闲话,是销售过程一个必要的组成部分,销售人员谈闲话的艺术也是销售艺术的一个重要方面。销售人员在与客户沟通时,说一些客户感兴趣的闲话,说得客户开心高兴,客户也不会让你失望的。

需要说明的是,销售是以客户为中心的,因此,谈的闲话必须是客户感兴趣的闲话。一位业务员在网上对一位生意做得很大的客户促销他们公司的产品时,了解到客户是一个 NBA 球迷,就心生一计,跟他交流时先不谈产品,而是从昨天的 NBA 比赛谈起。客户一听,"你也喜欢 NBA 呀?"天下 NBA 迷是一家,两个人有了共同的语言,就津津有味地从姚明、大郅谈到火箭、掘金。这样,双方的关系就从陌生人,变成了"一个战壕里的球友",生意自然也要照顾球友了。

法则四：多问问题。

记住这一点：没有人关心你有多伟大，除非他们感到你非常尊重他们。暂时忘记你是在销售，然后认真考虑顾客为何要购买你的产品

为此，你必须要集中精力在用户身上，你需要提问题（许多问题）并且不要耍心眼。人们对销售产生反感是人之常情，我们必须采取其他策略，比如拿出向客户虚心请教的态度。

某著名软件公司要求销售人员在联系客户时，不要称客户为"老板"，要尊称客户为"老师"，遇事多向客户请教。孔子在《论语》中说："君子好为人师焉"，聪明人都喜欢指点别人。销售人员多向客户请教，既可以赢得客户的尊重，也可以从客户的意见中受益，何乐而不为呢？

在多问问题上，销售人员还可以向客户说明自己的工作计划和打算，请客户多指点。当工作中遇到难题，可以向客户请教。生活、家庭、个人发展的问题，也可摆出低姿态，向客户请教。把客户放到老师的坛上供着，客户一定会心情舒畅。

日本企业要求销售人员联系客户时，要使用"低、赏、感、微"推销法。"低姿态"，多向客户请教，懂也要装作不懂；对客户提出的建议，虚心接受；然后对客户提出的意见，表示真诚的赞美和感谢："张老板，你提出的建议太宝贵了，让我受益匪浅，太感谢你了。"客户听了，一定会心花怒放，喜不自禁。

法则五：用对方的语言进行表述

不要滔滔不绝地说自己的产品，而不顾及顾客的需求和感受，提炼出几件你认为对顾客有所帮助的方面讲给他们听（如果可能的话用他们的语言来表述，而尽量不用自己的方式）。

法则六：密切关注顾客的反应

仔细推测一下顾客是否很匆忙、很气愤或不安？如果是，问问他"现在可以谈话吗？"或"我们可以下次再谈"。大多数销售人员总是关心自己接下来应说什么而忘记了对方的感受。

法则七：假装你是和顾客第一次接触

要对他们感兴趣，了解他们已经使用过的产品或服务。他们是否满意，是否感到过于昂贵，不稳定或速度太慢，了解到什么是他们最需要的。记住，你不是在做社会调查，不要只为了提问而提问，提问的目的是要搞清楚用户的需求。

当你了解了顾客的需求，并且不再尽力说服他们去做他们不想做的事情时，你会发现他们会信任你，最终会愿意和你做生意。

法则八：了解顾客需求后，才能提及你的产品或服务。

只有你完全了解了顾客需求以后，你才能提及你的产品或服务。同时，先搞清楚你在跟谁讲话再考虑应该说什么。

法则九：问问顾客是否存在障碍。

经过上述八个步骤后，你应该了解顾客对你产品的需求情况，双方已经建立了一定的信任，你现在应该着手准备了。

法则十：不需要"结束语"技巧。

让顾客采取下一步行动，不需要什么"结束语"技巧。因为主动权在顾客一方。一些销售"结束语"可能会使你保持主动，但实际并不需要这样。不要让顾客感到他需要应付一个推销员，你并不是一个推销员，你只是在你的创业工作中，暂时以"推销员"的角色提供产品或服务给客户。

4. 不同类型客户的网上即时沟通

每个人与生俱来都有一种或几种交叉的性格,通过了解和判定一个人的性格,就可以选择接近他的方式。据研究，人的性格大致分成以下四个类型：

1. 鸽型人。顾名思义，这一型人是和平的使者，属于生活中的老好先生，平平无奇，轻易不会得罪人。但这种人受压太久，一旦爆发起来，会如同火山一样。

2. 孔雀人。这类人很喜欢炫耀，也是最容易被识别性格的一种人。他们不会只满足于三言两语,而是滔滔不绝。但他们也最容易暴露弱点,最容易被投其所好。

3. 猫头鹰人。这类人有严肃的外表和严谨的做派。他们更像是学者，追求完美，经常给人挑错。

4. 鹰派人物。这种人有领导者的风范，进攻性很强。他们看上去很威严，是最不好接近的人。

以上四类人就构成了网络上你的潜在客户。但客户与一般上网者不同，客户在购买你产品的潜在意向。因此在网络营销中，最重要的环节就是与客户进行沟通。而要与客户进行良好而愉快的沟通，以达成把产品卖出去的目标，这一方面要做的就是，确定客户类型，抓住客户心理，想客户所想，应客户所求，以最短的时间引发客户对你的产品的兴趣。

随着时代的发展和科技的进步，网络经商也走进了一个新天地，买卖双方都运用网络即时沟通工具如 QQ、MSN、UC 和淘宝旺旺等沟通的很多了，还可以直接用语音交流，这样就免去了打字麻烦和词不达意的弊端。

有条件的话，推荐网络营销人员用 QQ、UC 等即时工具以语音的方式与客户沟通，因为即时工具如果不能语音的话，就很难判断出客户真正的意向，也浪费了即时工具的一大优势。而通过语音聊天，不仅能尽快而准确地掌握客户真正的意向，而且还能通过客户语气、语音和语速的规律和变化，随机应变，逮住每一个客户。

根据人在语音交流中的表现所对应的性格，可以把网络购物客户主要分成以下四类：

第一类客户：沉稳镇定型。

【客户分析】此类客户做任何事情都慢条斯理，非常镇定，对销售人员非常的友好，但在合作决策上会是一场持久战。这类型的客户讲话语速较慢，音量不大，音调也会有一定的变化，但是不会很明显。而且还可以听出这类客户反应比较慢，对于销售人员来说，他是个非常好的倾听者，如果销售人员熟悉产品知识，可以很容易地引导客户进入决策。与这种客户沟通，可以附带私人关系、个人感情，因为诚信合作对他们很重要。他们不抵制销售变革，只要方式稳定，就会选择。

【销售人员对策】与此类客户沟通，切勿操之过急，沟通的时候需要温和、真诚。与他合理沟通，逐步了解客户，要给客户随和大方的感觉。切忌很严肃地去谈生意，并且千万不要给对方太大压力，更不要给客户下任何名义的指标或者限制，这样会引起对方的反感，使你与他刚刚建立起来的友好关系大受影响，甚至接下来无法沟通了。

第二类客户：主动爽快型。

【客户分析】此类客户做事情爽快，决定果断，以实事求是和最终目的为中心。客户在交流的时候语速很快，音量比较大，音调变化不明显。这样的客户可能会刁难营销人员，以示权威。他们更倾向于讲而不是听并且非常讨厌浪费时间。他们希望在网络上具有竞争优势，向往第一的感觉。权力、地位、威信和声望都对他们产生极大的影响，这也是他们感兴趣的地方。

【销售人员对策】对于这类开门见山的客户，在网络营销沟通的时候，就可以直接推出自己的产品，并将产品优势集中在他们感兴趣的位置，以简洁、有准备、有组织的沟通话题，将销售导向成功。万万不可啰嗦重复，沟通毫无目的，太过于注重细节。还有和这类主动爽快型的客户交流时，最大忌讳就是与他们进行感情化沟通，这并不可取。

第三类客户：慢条斯理型。

【客户分析】这类客户在与销售员沟通的时候不会很友好，话也非常的少，给人感觉比较内向孤僻，而且下决策非常慢。此类客户说话很慢，声音不大，音调也没什么变化，销售人员与这类客户沟通的时候，会有自言自语的感觉。客户不喜欢配合销售人员，不喜欢讲话，也不表达自己的看法，会让销售人员一头雾水。不过一旦他们对销售对象感兴趣了，就需要准确、有条理和圆满的结果，可以说是追求完美；并且喜欢纠结于大量的实例，需要实例支持做出准确的判断。

【销售人员对策】与此类客户谈判，可以将进度放慢，无须太过着急。尽量提供详细、准确和系统化数据，来支持要向客户销售的产品。与客户沟通的时候需要有条理，切勿手忙脚乱，也不要太随意了。尤其是帮助客户定夺意向的时候，千万不要将自己的意向表现得太明显，不要强加自己的意愿到客户身上，因为此类客户非常的敏感。对客户循循善诱，是销售人员最好的选择。

第四类客户：容易沟通型。

【客户分析】此类客户沟通能力特别强，非常健谈，而且平易近人，容易交往。这类客户喜欢感情用事，心情好的话成功合作几率大，所以销售人员要尽量避免工作繁忙或高峰期的时候，与这类客户沟通，因为这时他们通常会无暇搭理销售人员。这样的客户，讲话很快，音量也比较大，音调抑扬顿挫；销售人员在沟通的时候，会经常听到爽朗的笑声，气氛把握得较为融洽。容易沟通型客户会很热情、友好，经常提出自己的看法；而且往往对销售人员所讲所思反应迅速，有时也会同销售人员开玩笑。此类客户追求的是被别人认可，渴望成为关注的对象。

【销售人员对策】虽然这一类客户容易沟通，成交的机会和把握比较大，但和这类客户沟通的时候，销售人员也还是要做足事前功夫，需要对于销售的产品有足够的了解，能够通过从介绍产品知识的角度出发，快速激情地与客户交流，让客户觉得销售人员幽默风趣。在沟通过程中，销售人员要与客户经常互动，询问客户对产品的看法，并且多多肯定客户的简介。切记与容易沟通型的客户打交道的时候，营销人员切记不要太过于关注推销产品与工作，要保持热情，切勿过于冷漠。

　　以上只是四种主要性格类型的客户分析，俗话说："人上一百，形形色色"，在销售中遇到的各种各样的顾客肯定是会有的。但只要他们有购买你产品的意向和欲望，销售人员就应该及时进行沟通和引导，最后将他们引上合作之路。

5. 面对面地抓住客户的购买信号

虽然我们做的是网络营销，但总免不了要进行一些传统形式的营销，面对面和客户打交道。比如有本地客户有订购你大批产品的意向，并主动约你见面，难道你还会避而不见，只跟他在 QQ 上交流？显然是不可能的。而见面以后如何让客户跟你合作，最后爽快地购买你的产品，这就要看你的谈判技巧了。

在与客户面对面的谈判时要记住：饭不能等馊了再吃，汤不能等凉了再喝。啰里啰唆，又说不到点子上，是销售的大忌。发现客户有购买倾向就应当立即索要订单。一旦客户的热情冷却，成交就难了！

我们先看两个案例——

【案例1】煮得八成熟的鸭子居然飞了

"泰迪熊"（网名）是某网络服务公司的业务员，非常勤奋，沟通能力也相当不错。前不久，公司研发出了一种针对企业服务的新型收费软件，较网上的同类产品有很多性能上的优势，价格也不算高。"泰迪熊"立刻联系了几个老客户，他们都产生了浓厚的兴趣。

其中一家企业的计算机中心主任表现得十分热情，反复向"泰迪熊"咨询有关情况。"泰迪熊"详细、耐心地解答，对方频频点头。双方聊了两个多小时，十分愉快，但"泰迪熊"并没有向对方索要订单。他想，对方对产品的了解尚不透彻，应该多接触几次再下单。

几天之后，"泰迪熊"再次和对方联系，补充了上次遗漏的一些优点，对方很是高兴，就价格问题和他仔细商谈了一番，并表示一定会购买。这之后，对方多次与"泰迪熊"联络，显得非常有诚意。

为了进一步巩固客户的好感，"泰迪熊"一次又一次地与对方接触，并逐步与对方的主要负责人建立起了良好的关系。他想："这笔单子十拿九稳了。"

但一个星期后，对方的热情却莫名其妙地慢慢降低了。再后来，对方还发现了他们产品中的几个小 bug。如此拖了近一个月后，这笔到手的单子就这样黄了。

"泰迪熊"为什么失败？是缺乏毅力，沟通不当，还是新产品缺乏竞争力？

都不是。

关键在于"泰迪熊"没有把握好成交的时机。

很多销售人员之所以得不到订单，并非不努力，而是因为他们不懂得瞬间成交的道理。他们对自己的介绍缺乏信心，总希望能给对方留下一个更完美的印象，结果反而失去了成交的大好时机。

每一个销售人员，都在等待一个恰当的心理时机来成交。这个时机的核心就是潜在客户的意识已经被调到最佳状态。通俗点说：他的顾虑已经消除，钱夹已经打开。此时不索要订单，更待何时？

客户要购买的，不是最完美的产品。而是他最需要、最感兴趣的产品。

一旦遇到这种产品，客户就会表现出极大的热情。我们要洞察客户的这一反应，在客户最想买的时候索要订单。一旦错过了这一时机，客户的热情就会下降，成交就变得困难重重。

当然，成交时刻不止一个。事实上，成交有许多时刻。但销售人员要尽可能在出现第一个信号时就有所收获。就像上例中的"泰迪熊"，倘若他在客户第一次对产品表现出兴趣时，就要求下单，会怎么样呢？虽然不能保证有百分百的成功率，但至少机会是很大的。

所以客户发出成交信号时，就请立即停止介绍产品，索要订单。

你要随时准备好成交，在销售气氛冷却之前捕捉购买的信号。

【案例 2】喋喋不休造成言多必失。

"小花猫"（网名）是一家化妆品公司的销售员，该公司的产品在市场上已经有一定的客户群。一天，"小花猫"在一餐厅约见了一位通过朋友引见的顾客。

寒暄几句后，顾客问道："我是过敏性皮肤，你们的产品我适用吗？"于是"小花猫"开始介绍产品特点，磨破了嘴皮，想要把产品的好处说尽，根本不给顾客反馈和反驳的机会。出于礼貌，对方只能频频点头。两个小时过去了，顾客有些不耐烦了，不时地看表。又过了二十分钟，顾客终于按捺不住，决定起身离开。

"小花猫"最终没有成交。不难看出，"通过朋友引见"就是一个成交的信号，答应约见就已经表明顾客有购买意向，只要推销员简单介绍产品。但"小花猫"过于啰嗦，反而丢了此单，实在可惜。

所以，当你认为买家已经准备成交了，那就全力推动吧！当客户发出成交信号也就是购买信号时，请立即停止对产品的介绍，索要订单。如果你懂得分辨客户的购买信号，就会信心倍增，并及时促成成交。当然，也许你会碰上一本正经、不动声色的人。但多数买家都会通过细微末节泄露他的秘密。当信号出现时，你就要长驱直入促成交易。

那么怎样破译客户的购买信号呢？

客户的购买信号很多，但很少有人直接表述，这就要求销售人员察言观色，把握这些暗示的语言动作。

1. 语言信号。

（1）客户大肆评论你的产品（不管是正面的还是反面的）。

（2）向周围的人问："你们看如何？""怎么样？还可以吧？"这是在寻找认同。很明显，至少他心中已经认同了。

（3）突然开始杀价，或对商品提毛病。这种看似反对的言论，其实是想最后一搏。即使不降价，不对商品的所谓毛病做更多的解释，他也会答应你的。

（4）褒奖其他公司的商品，甚至列举商品的名称。这简直是此地无银三百两：既然别家商品如此好，他又为何与你费尽这些周折呢？

（5）对方问及市场反应如何、品质保证期、售后服务，等等。很简单的道理：如果他根本不想买，又何必枉费如此之多的口舌问这些问题呢？

2. 行为信号。

（1）在你做说明的同时，客户的眼神正视你或是商品。

（2）客户身体主动向你靠近约三十公分至五十公分的距离。这是暗示对你已经开始依赖，防备心下降，安全感上升。

（3）客户沉默不语，做深思状，表明正处于考虑购买阶段。短时间内不要打断他，静候下一个问题。

购买的信号虽然名堂很多，但只要把握住普遍规律，便可以充分抓住时机，促成买卖。

虽然买家对你的产品表现出了巨大的兴趣，并且可以接受价格，你还是必须主动提出来才行。买家总难免犹豫不决，这时就需要一个推动力。销售人员要通过试探，让他倒向你这边。

若顾客还在犹豫中，就向顾客提供两种或多种选择方案，促使他从多种方案中决定一种，把顾客的思维重点引向数量、质量、材料或其他什么的选择，而不是买与不买的抉择。这时你可以用——

1.直接提示法：

如果顾客已对产品产生良好印象，销售人员可以直接提示成交，或提出一个诱导性的问题，让顾客做出有利成交的回答。比如："王总，这种新型多功能电脑桌款式很靓丽，假如您现在下订单，中秋节前我们就可以帮您安装好，届时肯定会为您的工作室添色不少。好像您的电脑配置是顶级的吧？"

用赞美的语言鼓励成交，宁可肉麻，也要赞美。

每个人都喜欢赞扬，这是促进成交的基本技巧之一。比如："钟小姐，您真有眼光，这种款式只有成功人士（或层次较高的人）才会对它情有独钟的，它跟您家居装饰的风格配合起来，真是相得益彰，太棒了！"

2.YES逼近法：

用一连串顾客只能回答"是"的问题，让他无言以对，促成顾客购买决心。

"您认为残废、死亡可怕吗？"

"既然知道非常可怕，难道您不需要为这最不幸的事件做最充分的准备吗？"

"如果此时您可以选择依赖家人朋友、依赖社会福利、依赖保险，您会选什么？"

因为中国人固有"靠家人靠朋友不如靠自己"的观念，说到这里，只需问一句："既然如此，那么您认为您需要填下这份保单吗？"

3.时过境迁法：

提示客户，不抓紧时机，就会失去良好的机会和利益。例如："陈小姐，这一款式目前属于春节特价促销,过两天就要恢复原价。你最好今天能把它订下来,能省上百元呢！"

在与客户的角力中,销售人员还应充分运用微笑的力量,微笑也应该要是销售人员掌握的一种最基本的技巧。人们从眼神、话语中流露出来的真情,只有在微笑中才更容易彼此产生好感。俗语说：恶拳不打笑脸人。你自始至终地微笑,顾客很难把你拒于千里之外,毕竟大多数人于心不忍。

上述成交试探力法只是无数成交法中的几种,在与客户交往特别是和大客户的交往过程中,选择成交方法更应符合对方的特点,并顺应销售的流程和形式。在行云流水之中把生意做成,才是销售人员的最高境界。

第十章

Chapter 10

如何留住客户

1. 商道即人道

对于任何一个创业者来说，你的创业要赚钱，你的公司要取得效益，那么客户就永远是你的衣食父母。商道即人道。我们先看看下面两个感人的小故事。

1. 糕饼店女孩的故事。

在日本的一个乡村里，有一家糕饼店，店面小小的，员工不是很多，其中有一位十九岁的少女。

一天，糕饼店的一位客人在临走前，给这位女孩留下了一本诗集。诗集里有这样的一句话："不要轻视一家小小的店，让这家小店充满你所有的情感及爱心。"

女孩反复读着这句话，内心恍然受到了一种莫大的触动。从此，女孩一直以这句话来要求自己，用她最诚挚的心，亲切地对待来糕饼店的每一位客人。

一天，糕饼店的其他员工都已经下班了，店里只剩下这位女孩。像往常一样，女孩把小店的东西一一收拾好后，便锁上门准备回家去。刚走出糕饼店不远，雪就劈头盖脸地落下来。突然，一辆不知从哪来的小汽车，像蜗牛似的在马路上缓缓前行，似乎在寻找什么。女孩边走边好奇地往回看，发现那车最后竟然停在糕饼店的门前。

女孩满怀疑惑，她回跑到车边，轻轻地敲了敲车窗玻璃。此时，车窗慢慢打开了，露出一张男人的脸。

男人看见女孩，便迫不及待地抢着解释说："我已经开了一整天的车，直到现在才找到这里。我的母亲因为患了癌症现在还躺在医院里。"说到这，已经明显看得出男人脸上的无奈与哀伤。男人顿了顿，接着又向一脸疑惑的女孩解释道：

"最近，我母亲的病情越来越严重了，医生跟我说：'她最多只能熬过这一两天了。你们现在唯一能做的，就是尽量满足她最后的心愿。尽量让她见到她想见的人，让她吃到她想吃的东西。'于是，我就跑去问母亲：'妈妈，您想吃点什么吗？'母亲回答我说：'记得我曾经去过一个小城，那里有家糕饼店的糕点非常好吃，如果现在可以再尝尝就好了。'"

"我想这并不难，因此今天一大早便出发来找糕饼店了。但是，真没料到雪会突然下得那么大，高速公路上更是风雪交加，所以一直到了晚上十点才到达这个城市。我根本就不知道这个店的具体位置，也想都这么晚了，店铺或许已经关门了，于是有点失望地待在车里，真不知该如何是好。这不，就刚好遇到您了。"

听完男人的解释后，女孩就告诉他说："我就是这家糕饼店的员工，请您稍等一会儿。"

女孩马上跑进店里，把灯和暖气都打开后，再跑出来请那位客人到店里去。虽然女孩心里根本就不太清楚，那位病危的母亲所惦念着的是哪种点心，但想到是一位躺在医院里的病人，便亲自挑选了一种容易消化且口感又清新的点心。

女孩给客人包好点心递给他的时候，亲切地向客人叮嘱道："雪天路滑，请小心驾驶！"客人拿出钱包问道："多少钱？""啊……这个不收钱。""噢！为什么？"客人吃惊地望着面带微笑的女孩不解地问道。

女孩并没有说什么，脸上洋溢着温暖的微笑。

就这样，客人带着万分感激的心情离开了糕饼店。等客人离开后，女孩又拿出钱包，自己垫上了点心钱。

那天晚上，女孩做了个梦。奇怪的是，与女孩素未谋面的那个男人的母亲，居然出现在她的梦境中。她看到点心后，非常开心，可是正吃得香的时候，喉咙却噎着了，痛苦不堪。醒来后，女孩已经不大记得清这个梦，却依稀感觉到那是一个不祥之梦。

第二天上班后，女孩的心像是被什么触动了似的，她找出男人留下的名片，按上面的号码拨通了电话。接电话的正是昨天来过的那个男人，他平静地告诉女孩他的母亲已经离开人世了。

"因为在回家的路上堵车了，所以比预计回去的时间晚了些。在我到达的前三十分钟，母亲已经离开了人世。"说到这里，男人顿住了。过了一会儿，才又说道："我在回家的途中，打电话告诉母亲：'糕饼店的小姐连钱都没要就给我点心了'。母亲走的时候很安详，咽气时说的最后一句话是：'那家糕饼店的小姐真是好心！'"

听到这里，女孩忍不住哭了。隔了一会儿，她又问道："什么时候举行葬礼？""明天。"

第二天，女孩向糕饼店的老板请了假，并没有说明详细的理由，同时准备好要带到葬礼上的点心。当然，女孩自己付了钱，还把点心包装得非常精致。

女孩出席了葬礼。在葬礼上，那位客人再次见到女孩时非常吃惊。女孩并没有解释什么，只是从心底默默祝福着：

从未见面的客人啊！您在离开这世界之前的最后日子里说，想吃我们小店的点心，结果却没能吃到，觉得遗憾吧？现在，我给您带来了您喜欢的点心。请您在离开上路时千万要带上它！

读完了这个故事，我的眼前仿佛浮现出这样的情形：那家小小的店铺里，天使正围绕着那位系着围裙的充满爱心的糕饼店女孩。

2. 一次终身受益的经历。

在小费尔南多十二岁时的一天下午，他从父亲那里学到所有关于做买卖的学问。

当时，小费尔南多正在父亲的家具店里打扫地面，一位上了年纪的妇女走进来。小费尔南多问父亲可不可以由他来接待这位顾客，父亲回答说："就看你的了！"

于是小费尔南多问："我能为您做点什么吗？"

"我以前在你们店里买了一张沙发，现在它的一条腿掉了。我想知道你们什么时候能帮忙修好？"那位女顾客回答。

"夫人，沙发是您什么时候买的？""有十年左右了吧。"

于是小费尔南多跟父亲说明情况，父亲吩咐他告诉老妇人，下午就到她家里去修沙发。

小费尔南多和父亲给那位老妇人的沙发新换了一条腿，然后就离开了。在回家路上，小费尔南多一声不吭。父亲问："怎么了，为什么不高兴？"小费尔南多抱怨道："你心里明白，我将来还要上大学。可是假如总是这样跑大老远免费修沙发，到头来我们能挣几个钱？"

父亲说："不能那样想，我得尊重客户。况且，学着做一些修理活对你没坏处。另外，我们把沙发翻新过来后，你没注意到那上面的标签？其实，这张沙发床不是从我们店里买的，而是从西尔斯家具店买的。"小费尔南多很吃惊："你的意思是，我们帮她修理沙发，一分钱不收，而她根本就不是我们的顾客？"父亲看着他的眼睛，郑重地说道："不，现在她是我们的顾客了！"

两天后，那位老妇人再次光临，这次她从小费尔南多店里买走了价值几千美元的新家具！

如今，费尔南多在销售行业已经干了三十多年。这三十年来，他一直在给同一家公司销售代理，而他的销售业绩在这些公司代理中常常是最好的。他之所以能有如此出色的表现，是因为总是抱着尊重的态度去对待每一个顾客，而这多亏了多年前的那个下午，他和父亲一起修沙发的宝贵经历。

上述两个小故事告诉我们的，应该也就是"商道即人道"的简单道理。其实商品的买卖，不只是简单的钱货交换，它同样需要感情的交流和沟通。如果店主在出售商品时也融入感情及关爱，那么所谓冷冰冰的商业交易，将变得愉快而有意义，客人们也可从中感受到购物的乐趣。更重要的是，你将会留下一切可能留下的客户。

2. 给你的客户分分类

大部分到你网站上的客户都是流动的，但按照传统的营销理论，客户的分布始终存在着"二八规律"，即百分之二十的客户，占了公司（企业）百分之八十的收入。所以，紧紧抓住这百分之二十的客户和收入，并且让他们尽可能地带来那百分之八十的客户和更多的收入，继而让大部分客户都变成你的忠实粉丝，这样你的公司（企业）就会越做越大，生意也会越来越好。

关于客户"二八规律"的深层次探讨，营销理论还认为客户与市场的关系，存在有以下几个可能：

其一，百分之二十的客户带来了百分之八十的收益，但是他们带来的利润，可能超过了百分之百。——所以说百分之二十的客户可能带来百分之百的利润。

其二，目前的客户带来了高达百分之九十的收益。

其三，营销预算中有相当大的比例是花在非客户身上，广告界有一句名言："我知道我的钱有百分之五十是白花了，但问题是我不知道到底是哪百分之五十？"所以进行客户的分类非常必要。

其四，在所有的客户中，有百分之五至百分之三十的客户，在客户金字塔中有升级的潜力，也就是说小客户会变成大客户。要使客户升级，使用你更多的产品或者服务，客户的满意度很重要。观察表明，在客户金字塔中，每上升两个百分点，意味着收益增加百分之十，而利润有可能增加百分之五十以上。

但是在网络经济中，传统的营销理论中的客户金字塔有所改变。出现了所谓的"长尾理论"。传统的营销理论只关注百分之二十的客户，百分之八十的小客户"长尾"被忽视了——因为他们没有渠道，比较零散，服务成本比较高，这百分之八十的客户服务只能顺其自然。

网络营销出现以后，情况改变了。原本百分之二十的大客户竞争已经很激烈了，这些重点客户已经被惯成"大爷"，这样百分之八十的小客户，就成为了网络经济发展的最大机会。你公司（企业）的网站可以将这些小客户串起来，形成自己的"长尾"，聚沙成塔，完成了传统经济下无法聚集的功能。因此出现了新的营销理论，谁能发现自己的长尾，这个企业就是最优秀的企业，这样的商业模式就会被认可。

随着现代营销理念的不断更新，特别是网络营销的蓬勃发展，不少网络营销者不再一味推崇"顾客永远是上帝"、"顾客说的总是对的"这种有局限性的理念了，而是将客户放在一个平等的关系上，去思考营销和汇集人脉。他们努力识别客户中的"优质资产"和"不良资产"，不仅仔细倾听客户的赞许和不满，而且想办法改变客户的自然属性，以提高客户资产的质量和回报率。

摸清客户的自然属性自然也就是先给客户分类。目前营销界对客户的分类主要有以下几种：

1. 根据客户的业务总量来分。这样客户的级别可以分为四大类：业务总量排名最前的百分之一的客户称为"白金"客户；接下来排名次之的客户称为"黄金"客户，或者大客户，他们的比例大概是在百分之四；再接下来的百分之十五，行内称为"铁"客户或者中等客户；最后剩下的百分之八十的客户，就称他们是"铅"客户，或者是小客户。

2. 根据客户的影响和行为来分。这样客户可以分为"灯塔客户"、"跟随客户"、"理性客户"和"逐利客户"这四类。

其中"灯塔客户"最不可多得，其重磅效果也最不言而喻了。你的公司（企业）要问鼎市场、做大生意，至少有一到两个"灯塔客户"，这样的灯塔可以替你树立企业形象和江湖地位，在市场上具有一定的说服力，所以灯塔客户对你的创业尤为重要。

所谓"跟随客户"是指这样一些客户，只要他看过你的广告，听过你的宣传，他就愿意消费，甚至成为你公司（企业）的"粉丝"。"随大流"是"跟随客户"的最大特征。这种客户对创业者的好处是：你投身的行业中，"跟随客户"越多，你就越容易成功。

而"理性客户"则完全是按照自己的消费理念、自己的行为方式进行消费的一群客户，由于他们一般有着理智的消费观念，广告宣传对他们基本上不起什么作用，但是如果他们认可了你的产品，经过长时间的切合，他们有可能成为你的忠诚客户乃至变成"灯塔客户"。

最后一种就是"逐利客户"。"逐利客户"的消费行为就是投资行为，他们对你的公司（企业）也许没有什么忠诚度，但他们一旦看好了你的创业事业，有时候可能不会吝啬他们的投资。所以你在设计创业计划时，如果能考虑到"逐利客户"这一部分，对你的创业将是锦上添花。

3. 根据客户的财富和忠诚度来分，这是管理学者雷勒茨和库马提出来的。这样客户也可以分为"挚友""蝴蝶""过客"和"藤壶"四类：

高忠诚度的富裕人群被称为"挚友"，他们频繁光顾你的公司（企业）且每次出手阔绰，这是最好的一块"资产"。

偶尔造访你但还算大方的客户是"蝴蝶"，即他们像蝴蝶一样到你的公司（企业）逛一圈，与你是"露水姻缘"。

至于"过客"是指对你的公司（企业）最没价值而又匆匆来去的那群客户。

当然，最后你会发现最让你棘手的，是一种被叫作"藤壶"的顾客。藤壶是一种贝类，它附着在船底，能使航速降低；附着在浮标上，能降低浮标浮力；附着在管道内，可以缩小管道通路，加快水下金属的腐蚀。之所以把某类顾客比喻成"藤壶"，是因为他们有事没事就来闲逛，会向你订购些特价品，但却会占据你较多经营资源而让你的公司（企业）没什么赚头。

但是按照管理学者雷勒茨和库马这种客户分类方法，你会发现如果你的营销工作做到位了，这四类客户之间可以相互转化。如"挚友"是你公司（企业）最重要的资产，所以对待这些客户既要热情洋溢，又要谨慎小心，否则他们也有可能变成"蝴蝶"甚至是"过客"。你必须与"挚友"保持合适的距离，顾及他们的家庭、个人品味和优越感，以及他们习惯的方式，使他们最终成为企业的"粉丝"。而"蝴蝶"类客户也并不是铁板一块，如果他们造访你时你把他们当成无话不谈的"挚友",在这一客户群体专门采取一些优惠措施,久而久之,他们也许真的会变成你公司(企业)的"挚友",那你在市场拓展的竞争中,又加了一颗重量级的砝码。

客户分类完成以后,就需要培养自己的优质客户。那么什么优质客户呢?这里要注意:优质客户不一定是和企业交易最多的客户。优质客户的特征是:

第一,主要使用你公司(企业)的产品或者服务,价格即使稍微高于竞争对手,优质客户依然使用。

第二,变成了你公司(企业)的"粉丝",并且向其他人推荐你公司(企业)的产品。

第三,你的公司(企业)的产品或者服务,变成了优质客户公司(企业)的采购标准。

第四,试用本企业我们新推出来的产品和服务。最后,除了使用我们的主导产品以外,还使用我们的服务性产品。

这样,你的公司(企业)的营销部门既把客户清楚地分了类别,又培养了相当一部分优质客户,接下来就是如何从产品和服务方面更多地入手,把你的客户变成你网站的忠实"粉丝"了。

3. 利用各种便利开展老客户营销

对于一个公司（企业）的客户培养而言，业界普遍流传着这样一个概念：开发一个新客户的精力要八倍于老客户。的确如此，特别是在产品竞争激烈、客户越来越挑剔的今天。所以，开展老客户营销、长久地留住老客户的重要性，就不言而喻。

十年前，IBM 的年销售额由一百亿迅速增长到五百亿美元时，IBM 营销经理罗杰斯谈到自己的成功之处说："大多数公司营销经理想的是争取新客户，但我们成功之处在于留住老客户；我们 IBM 为满足回头客，赴汤蹈火在所不辞。"号称"世界上最伟大的推销员"的乔·吉拉德，十五年中他以零售的方式销售了一万三千多辆汽车，其中六年平均售出汽车一千三百辆，他所创造的汽车销售最高纪录至今无人打破。他总是相信卖给客户的第一辆汽车，只是长期合作关系的开端，如果单辆汽车的交易不能带来以后的多次生意的话，他认为自己是一个失败者。百分之六十五的交易多来自于老客户的再度购买。他成功的关键是为已有客户提供足够的高质量服务，使他们一次一次回来向他买汽车。可见，留住老客户比新客户，甚至比市场占有率重要。

怎样全面地开展老客户营销，留住这些"财神爷"，具体说来，你必须要做好下列几个方面：

1. 使用各种信息、营销管理软件，来管理和分类你的客户，并深入地研究你的客户。比如通过软件对客户数据的分析，你可以知道其曾经在你的公司（企业）从事过哪些交易，对你营销的重要度，甚至客户特征、性别、年龄、消费水平等情况都可以作为资料记录下来，做到对客户了如指掌，这样你二次和客户沟通销售，就会更加简单自然。

2. 从老客户的情况里面，还可以研究出客户群体的特性，用以反过来指导自己的产品定性、物品设置等。比如观察到你的老客户大部分买的是四百元至五百元之间的产品，那么你就可以设定"消费五百元就有一张 VIP 会员卡"这样一种优惠活动来。总之，要深入研究你的老客户，因为他们是你店铺的目标群体。甚至如果你公司（企业）里有某种产品销路不畅，你也可以通过打包（捆绑）销售的方式，将它们再捆绑在特定或相关的产品里（当然所捆绑的产品价格上要有所优惠），这样做老客户一般也不会反感。

3. 针对老客户的优惠，要体现出与其他客户比较独特的地方，也就是说，即使某些老客户不是你公司（企业）的 VIP 会员，同样也可以享受到和其他客户不一样的特权。比如经常通过网站在老客户中进行一些秒杀活动、老客户团购无须先付订金、享有问题优先处理权、优先发货权，给老客户赠送在其他地方购买不到的独特的小礼物。如果你的产品对一般客户是说明理由后十天内退换货，对老客户就可以实行十五天无理由退换货等。总之，尽量让老客户感受到他们拥有的特权，特权是每个人都不愿放弃的。

4. 多联系客户，在你公司（企业）采购超过一千元或者两千元的大客户，最好专门统计纪录下来，定期发短信、打电话进行联系问候，增进感情。可以从第一次销售就开始做客户关系管理，比如在客户的包裹发出以后，给客户打个电话或者发个信息提示包裹已发出。尤其是首次未成交者但很有意向的客户，可以尝试二次、三次甚至更多次跟踪。有个客户在一家网店买了一件衣服，后来在一年中收到了五次以上的短信和邮件的再联系，可见这个网店老客户维系的功底。

想一想上一次你的公司（企业）和你的老客户进行交流，是在什么时候？你可以让客服人员通过电话、淘宝旺旺或赠送礼物等方式去和老客户们沟通，告诉他们你是如何感激他们，把你认为有价值的想法、资讯、建议同他们一起分享。你要让客户们知道你更关注的是他们自身利益，而不仅仅是他们口袋里的钞票。越是发自内心的关注客户的利益而不是你自身的利益，你和你的老客户之间的联系就越紧密。

5. 以 QQ 群、网站专门版块、线下联谊活动等方式来整合稳固老客户，把他们放到一起做营销。QQ 群可以以优惠促销等措施来吸引大量老客户参加，然后引导他们在群里交流对你公司（企业）产品、服务的看法，对各种营销活动的反应。网站专门版块也可以办得灵活多样，可以做成一个老客户的交流基地。它和 QQ 群不同的是，所有信息都可以由版主根据需要选择保留或删除，或者重点置顶。

至于线下联谊活动，更加可以把它们开展得有特色、有针对性。如某个大型的家居产品团购网 A 网站，从老客户入手，把主要投资目标放在妇女和儿童身上。A 网站通过研究老客户资料，发现老客户中二十八至三十五岁的妇女，是他们网站的关键客户，她们比男人拥有较高的品味，购物仔细，眼光独特。最关键的是这一群人掌握了家庭的财政大权，从而掌握最终的购物选择权和决定权。因此，A 网站举办了直接针对女性的联谊活动，比如家居装饰交流会、环保装修心得会和园艺插花活动，等等。另一方面，他们把目光放在未来顾客的身上，精心组织了"儿童俱乐部"主题性活动，用玩具和五颜六色的新奇装饰吸引孩子们，并组织安排了填色游戏以及用小罐涂料作画、粉刷等活动，既环保又安全，深受孩子们的喜爱。这相当于在五至十二岁的孩子身上做了一笔长期投资，并且告诉这些未来的客户：你家有的，这里有；你家没有的，这里也都有；你家有的，可能还没有这里的漂亮。他们原本只想让这些孩子的脑子里印上 A 网站的大概印象就足够了，不料工作人员回访时听到孩子们的回答却是五花八门：A 网站是卖玩具的（看到了卖的玩具），是卖家具的（这是正常的回答），是可以吃东西的餐厅（工作人员给了点心），是花园、动物园（看到了卖的花草和小狗），是比家里好的地方（有礼品、玩具和漂亮的贴纸）。这些小家伙甚至可以从报刊中挑出 A 网站的广告，当看到大人买了他们认为难看的家具后，还会问父母：为什么不到 A 网站买？A 网站留给这些孩子的是一生难以磨灭的印象。

6. 根据老客户的行为特征，将其归纳为不同的群组，采取不同的营销策略，建立不同的维护模型。

虽然你定义了你的客户群体，也分析清楚他们的特性了，但是你对你的老客户细分了没有？比如他们购买了你的产品，哪些人是买去送人的，哪些人是买给自己用的，哪些人是买来自己结婚用的，等等。尽可能细分你的客户，细分你的产品线，就会让你的产品、策略更为精准、有效。

你还可以对老客户进行问卷调研：你的公司（企业）哪些方面会影响客户满意度？做个问卷让老客户进行打分、排列。要注意不要光让他们口头表达哪些方面满意、哪些方面不满意。设计出有针对性的问卷题目，让他们来选择、排列，必要时让客户给出简单的理由，这样的效果会更好。

7. 多更新自己公司（企业）的产品，并及时通知老客户。你的公司（企业）如果能不断更新产品的话，可以留住更多的客户的。老客户一般都会过段时间来你网站转转看看，他们来了之后，也希望看到更多的新产品。还有你在打折、促销、团购等活动的时候，记得要及时通知你的老客户。他们对你这样的消息，一般不会反感。

4.让客户帮你做生意

对于在你的公司（企业）成交过多次的老客户,你可以想方设法扩大再销售,甚至可以做得更进一步的，让客户实现转介绍，让老客户再引新客户。

让客户层层地相互地介绍，是一种借力使力，它甚至可以产生倍增效应，让你的销售步入一种良性循环状态，甚至出现业绩"井喷"效果。那么你的创业、你的客户营销，如何才能做到这种境界呢?

1. 先交朋友，再做生意。你的公司（企业）在做营销或联系老客户时，不要过于商业化，言必称产品或者销售，这样会让人感觉心里很不爽。要想让老客户当你的义务宣传员，你要从两个方面着手：一是真心关心别人，对待别人。蒙牛乳业集团创始人牛根生谈到他的经营之道时说，我之所以取得成功，是因为我会"三换"思考，即换心、换位和换岗。正是因为将心比心，所以才对对方多了一份理解，多了一份默契，多了一份包容。二是用心感动客户。客户购买你的产品遇到了问题，你就要帮他积极解决。这其中最重要的是要能够权衡你公司（企业）与客户利益，能够给客户带来实实在在的服务，通过实际行动感动客户。一句话，谁为客户着想，客户就一定会为谁着想。

2. 注重销售、服务的细节。细节决定成败，工作中的一些不经意之处，往往有可能决定你营销的成败。所以首先不要把每次成交当成结束,而要当成是开始。只有把每一次成交都当成开始，我们才能始终如一地提供产品和服务，才能想客户所想，急客户所急，耐心为客户做好产品介绍、售后服务等诸多细节工作。其次，要定期电话沟通，询问客户对于产品及服务的意见或者建议，虚心与客户进行互动而真诚地交流，及时解决客户在使用产品当中的一些实际问题。最后要多关注客户，在客户生日、节假日、结婚、生孩子等诸多时机，别忘了发个祝福信息或者亲往祝贺，这样都会慢慢积累你与客户的情感关系，从而变交易关系为朋友关系。

3. 要把推销你公司（企业）的整体产品作为一个重点。要想扩大再销售，或者实现客户转介绍，推销符合客户需要的产品是至关重要的。如果产品不过硬，扩大再销售或者转介绍就没有根基。推销产品，不仅包括核心及有形产品，无形的附加产品更加重要，比如品牌和服务，它是增加产品价值，让客户达到最大化满意的核心组成部分。

4. 做一个有影响力的人。要想让客户倾心于你，甘于为你扩大销售或者转介绍客户，你就要设法让自己成为一个有影响力并且备受欢迎的人。首先要做好人，做事之前先做人，人做好了，朋友就多了；其次，自己要保持良好的心态，要做一个积极、乐观、感恩、执着、勤奋的创业者，给客户带来向上的、快乐的因子。三是让自己成为有影响力的人，甚至努力让自己成为你公司（企业）产品方面的专家、市场专家、营销专家、管理专家，通过广泛学习，提高自己的专业度，为客户提供外延服务，客户才会信服于你，才会听你的，才会跟着你走，让销售最大化，让他们为你去做口碑营销员。

5. 给客户提供超值服务。在提供了符合客户需求、让客户满意的产品之后，要想扩大再销售，让老客户能够做我们的义务宣传员、推销员，实现转介绍，你的公司（企业）还要做好超值服务工作。这也许是分外的事情，但却也是客户最感觉有价值、受尊重甚至物超所值之所在。

6. 采用一些方法和工具来稳固客户。世界上没有永恒的朋友，也没有永恒的敌人，只有永恒的利益，关系营销、情感营销是促使客户扩大再销售，实现转介绍的好方法，除此之外，还可以采取的一些方法或者工具来促使老客户带来新客户。比如说，可以通过制定奖励制度等，把扩大再销售尤其是转介绍固化下来，用利益激励的手段来进行推进。还比如可以设置俱乐部会员积分。成立新老客户俱乐部，不仅提供培训、沙龙、论坛等增值服务，而且还把每次客户转介绍给予一定的积分，达到一定标准，可以换成现金、奖品或者旅游等，激发客户的积极性、主动性。再比如，可以发放一些调查表，让老客户找合适的潜在目标客户填写，从而挖掘新客户，并通过老客户牵线搭桥，及时进行跟踪，促使成交。第四，及时给客户提供你公司（企业）或者本行业最新资讯，通过增强客户对你公司（企业）的信任，提升对你服务的满意度，从而顺便提醒客户进行转介绍。

此外，若要想做好扩大再销售，实现老客户的转介绍，你还需要注意以下事项：

学会运用"八二法则"。既然是百分之二十的大客户，实现了百分之八十的销售额，这就充分说明了大客户的潜量与能力，这其实也是客户中的"意见领袖"，他们具有一定的号召力、影响力，因此，你要做的是把资源聚焦、时间聚焦，把工作重点向这些大客户身上倾斜，通过重点发力，实现核聚效应。同时，也要促使客户之间的向上转化，比如，像本章第二节《给你的客户分分类》提到的那样，把客户分为核心客户、重点客户和一般客户，努力让一般客户向重点客户转化，重点客户向核心客户转化。通过抓重点，发挥大客户的积极性，扩大再销售，并水到渠成地让他们实现转介绍。

要注意在这个过程中勿以事小而不为。有时一些客户出于实力或担心销售不了等诸多因素考虑，往往一开始进货量很小，销售量也不大，以致有的公司（企业）对此类客户不予重视，甚至出现厚此薄彼、服务不到位等现象，这其实是一种短视行为，也是扩大再销售，实现转介绍之大忌。与客户深度信任的关系是在销售过程中逐步建立起来的，只有你的公司（企业）在他面前树立了可信、负责任这样一种形象，客户的满意度才能不断地提高，厂商之间才能构建一种彼此信赖而和谐的伙伴关系，客户才能扩大再销售，才会下大功夫为你转介绍。因此，你的公司（企业）要想让客户为你介绍生意甚至做生意，就一定要讲究方法和技巧，不断积累和发展与客户的良好关系，厚积而薄发，从而实现销售的"核聚"和倍增效应，在给客户提供价值的同时，也实现自己最大化的价值。

5. 不要让客户在你身边流失

我与同行进行交流时，经常会听到一些同行营销人员诧异地说："不久前我们与客户的关系还好好的，一会儿'风向'就变了，真不明白。""哎，我的网站又走了一些老客户，点击少了几千，销售收入也受到影响。"

客户流失已成为很多网络公司（企业）所面临的尴尬，他们大多也都知道失去一个老客户会带来巨大损失，也许需要再开发十个新客户才能予以弥补。但当我问及他们的客户为什么流失时，很多创业者总是一脸迷茫，谈到如何防范，他们更是诚惶诚恐。

其实客户的需求不能得到切实有效地满足，往往是导致公司（企业）客户流失的最关键因素。而要防止客户流失，应该首先弄清楚客户流失的原因。一般来说，客户的流失，无非是这几个方面的原因，一是对你的产品不满意，二是对你的服务不满意，三是从竞争对手那边得到的好处更多。

从产品方面来说，不管你从事的是哪个行业，在同等条件下，谁能够提供更适合客户要求的产品，谁的产品质量更优、价格更低、服务更好，谁就更能争取到客户的支持，这是吸引客户的第一步，也是为今后挽留客户打基础的一步。所以，如果你的产品不是那么适合客户的需求，那么就要及时对产品加以改进，或者你的产品过去很适合客户的需求，现在不适合客户的需求，那么，还要及时对产品进行升级换代，不断地对产品进行创新，推出新产品；如果产品质量不如竞争对手，那就应该马上着手提高你的产品质量，争取使你的产品质量超过对手；如果价格不比对手低，就要想方设法降低成本或降低自己对利润的要求，将实惠让给客户。

某企业为了更好地吸引客户，将销售收入的百分之三用于新产品的研制开发，生产市场上有良好需求的产品，还投入了大量的费用改进产品的各种性能，提高产品的价值。而且把全国市场划分为华东、华西、华中、华南、华北五个部分，出资建立了五个仓库，每个仓库都配备专门的送货车。另外企业承诺客户不管什么时间要货，只要一个电话，保证二十四小时内送到。解决了客户缺少货源的问题，节省了货物运输的时间、费用，客户购买产品的成本大大降低，受到众多客户的好评，企业当年的销售额就比往年增加了百分之二十三点五。

在一次进货时，某家具厂的一个客户向其经理抱怨，由于沙发的体积相对大，而仓库的门小，搬出搬进的很不方便，还往往会在沙发上留下划痕，顾客有意见，不好销。要是沙发可以拆卸，也就不存在这种问题了。两个月后，可以拆卸的沙发运到了客户的仓库里。不仅节省了库存空间，而且给客户带来了方便。而这个创意正是从客户的抱怨中得到的。

客户意见是企业创新的源泉，所以，多联系客户并与其沟通，从客户需要的角度认真改进产品质量，是留住客户的基本前提之一。

从服务方面来说，除了平时对客户的优质贴心的服务外，在满足客户基本需求的情况下，还可以尽可能为其提供额外增值。我一个朋友开了家广告公司，有些老客户本来指定他在三家媒体发布其广告的，但他手头如果有现成资源，一般都附带给客户在另外几家媒体上也发布，作为给客户照顾他生意的附赠礼品。当然他这样做还要用委婉的方式跟客户说明白了，否则，他白忙活了客户却不知道，心血费了，人情还没落着。另外，在给客户赠送超值服务的时候，他还要征询一下客户的意见。有些客户对于媒体比较挑剔，在心理上就不喜欢某些媒体；还有的是因为品牌原因，广告适合于在某些媒体发布，却不适合在另一些媒体发布，在不适合的媒体发布，非但无益于增加品牌价值，反而可能有损于品牌价值，一旦拍马屁反而拍到马腿上的事情发生，客户流失就不可避免。有家洗衣机公司，客户本来是买台机器准备洗衣服的，结果却发现这台机器还可以洗土豆，对于客户来说，这也是一种服务的增值。这种意外之喜，对于增加对客户的吸引力，增强客户对企业的忠诚度，无疑具有极高的价值。海尔集团就因为这个原因，特意面向农村市场推出了一款可以洗土豆的洗衣机。

如果是竞争对手造成了你客户的流失，那么也不要怕。因为如果按照下面告诉你的方法，也许最适合你的潜在客户就是其他人的客户，你完全能把他们吸引过来；你只需花费较小的代价，这些客户就可能给你带来成千上万的利润和终身价值。记住，采用下列这些技巧，除了那些流失的客户外，你的目标是那些已经购买过或正准备购买与你公司（企业）所提供类似产品或服务的客户；你的行动是在竞争对手的最佳客户表现出购买意向后立即采取行动，并对他们做出回报。

为了接触到这些正在做出购买决定的潜在客户，你可以先打出如下广告：

"如果你收到来自我们的任何一个竞争对手的书面报价，只要证实这一点，你就能在与我们的交易中得到特别折扣。"

"出示你收到的来自我们竞争对手的销售函、样本或小册子，即可在与我们的下次交易中获得 20 元的回报。"

"如果你现在拥有某个公司的小礼品，你马上就有资格在购买我们的产品和服务时减免 20 元。"

"如果你自己动手修缮的房屋出了问题，只要向我们出示购买材料的收据，你就可以得到高达维修账单 10% 的折扣。"

不要担心这种方式争取客户所花费的成本。记住，这种回扣或激励性报价只是一次性成本，而新客户可能带来成千上万的利润。另外，为了让这些战略能够实施，必须要让竞争对手的客户看到你的广告。

在进行下一次广告宣传活动之前，考虑一下你的激励措施是否足以让人无法抗拒，以至于能马上将客户从竞争对手那里吸引过来。

在分析流失的客户时，还要注意客户的具体情况和他们流失的原因。以广告客户为例，有些广告客户做广告是为了打品牌，他们并不在乎广告带来的一时的销量增长，而一些企业打广告纯粹就是为了卖产品，以广告之后产品销量的增长率，为衡量广告公司是否得力和是否应该继续合作的标准。前者主要是一些有实力的大企业，后者主要是一些中小企业。据了解，大企业在选择广告代理公司的时候是非常谨慎的，有一整套科学的评估体系，一旦选定哪家广告公司，在一段时间内不会轻易改变。相反，中小企业总是急功近利，随之而来的就是缺乏耐心，变化无常，不过这也可以理解，很多中小企业打广告的钱都是从牙缝里挤出来的，几次广告打下来见不到效果，企业可能就垮掉了。

　　总之，要留住老客户，不让一个客户流失，请创业者记住三个关键词：一、利益。要尽量给予客户最新最好最符合需要的产品外带最优惠的价格，要让客户感觉自己以最小的投入实现了最大的收入；二、方便。让客户感觉跟你打交道最方便，麻烦最少；三、感情。让客户感觉受到尊重，感觉跟你打交道既舒心又贴心，有时候还需要稍稍地满足一下客户的虚荣心。

第十一章

Chapter 11

让网络搜索帮你赚钱

1. 网络搜索的秘密

在本书第八章《其实，网站的关键是推广》中，我曾经提到：二〇〇三年起，我通过 SEO（即网站优化）技术和知识推广我的网站，先后把我的网站做到了网络搜索排名第一，从而大大地提高了我网站的流量，为我网站的各项业务来源奠定了坚实的基础。

那么什么是 SEO 技术？

SEO 是 Search EngineOptimization 的缩写，翻译成中文就是"搜索引擎优化"。SEO 技术是一种让网站从百度、Google、MSN 以及雅虎等搜索引擎，获得更多潜在客户的网络营销方式（在国内，主要就是百度搜索引擎），利用它可以极快地推广自己的网站，提升自己网站的流量。说通俗点儿，就是如何让更多的网友搜到这个网站。下面着重以百度网站举例，如果自己的网站在百度搜索引擎中的排名提高了，网站访问量自然也会水涨船高；而只要流量涨上去了，效益自然也就滚滚而来了。

这个问题再说得具体一点，也就是一般的网民要搜索某个网站，比如当他在百度等搜索引擎中键入关键词按回车键后，一般都习惯性地从排列最前的搜索结果找起，没有找到他想要的，再慢慢向后面寻找。但据调查，百分之七十以上的搜索者如果在搜索结果首页还没有找到他所需要的结果，就会更换关键词或寻找一个同类网站等，只有百分之三十的搜索者会翻到下一页继续搜寻。

这也就是百度搜索的秘密：对一般搜索者或一个 SEO 外行来说，他可能并不很在乎搜索结果的顺序，只在乎有个大概的搜索结果就行了；但对于一个网络创业者，要让自己的网站被搜索者很容易地搜索到，只有通过一定的 SEO 技术把自己网站优化到搜索排名的首页，才能带来并提高网站的访问量。

而我之所以学习 SEO，也是在我艰辛的创业过程中，曾和别人一起短暂地办过一段时间的餐厅网站，并利用 SEO 技术把餐厅的名声和生意都做到了一定的规模。

二〇〇四年初，我的网站由于刚刚创办，根基不稳，进货来源和销售渠道都未完全打开，生意一时陷入被动。这时，我原来的一个中学同学突然来到北京并找到我，让我帮他在北京开的一家餐厅做个网站，理由是我留在北京网上创业已经好几年了，既熟悉北京的美食文化，又通晓网站的宣传操作，希望能够帮助一下刚到北京打拼的老同学；餐厅网站也算是我和他一起创业的合作项目，以后餐厅赢利了对半分成。

我是一个重情义的人，老同学有求于我，肯定不可不帮；何况在北京做餐饮类网站这样一个项目，我还完全没有操作过，反正自己的生意也不太忙，我也就答应了下来。

众所周知，北京是个外来流动人口极多的大城市，食客口味五花八门，因此餐厅行业生意的竞争也异常激烈，一家餐厅经营得好了，很有可能会名声大噪甚至赚得盆满钵满，反之则也有可能做得半死不活甚至亏得血本无归。

由于北京外来打工者众多，我和老同学在经过一阵精心策划之后，原来准备把餐厅定位于以中低档价格服务打工人群，并且为之创办了一个叫"外来香"的网站，还准备制造一些诸如"中国打工者最爱的餐厅网"之类的噱头，通过论坛发帖、自我炒作的方式把餐厅推向大众。

但是这个策划很快又被我们否决了，因为我发现餐厅毕竟和明星有所不同，这样的包装反而会让消费者产生怀疑和逆反心理，同时，也会使餐厅失去平民化的特点。

"外来香"餐厅还是按原计划开张了，由于同业者众多，短暂的热闹过后生意显得不冷不热。看来还是要通过宣传网站来达到宣传"外来香"。正在我为餐厅的宣传发愁的时候，我在网上看到了一系列介绍"搜索引擎优化（SEO）"的文章，并且知道了网站要提高流量，除了依靠在论坛自我炒作、包装成名之外，还有一个很重要的方法就是搜索引擎排名。如果能做到自己的网站在主流搜索引擎排名前十甚至前三，也就是在搜索页的第一页显示，那就意味着会被大多数需要找地方吃饭的人浏览到，而这对于餐厅来说也就成功了一半。

于是我一边学习网站 SEO 技术，一边重新策划"外来香"网，甚至更换了原有的域名（中文网站名不变），并从网站标题、各类关键词和各类链接等方面，都按 SEO 的规则进行修改和优化。这样不到一个月，"外来香"就被我做到了百度和 google 的首页并且排名前三，食客在网上搜索"外来香"或者与"餐厅"、"餐饮"、"外来打工"等相关的长尾关键词，极容易就找到了我们的网站。优化后的"外来香"网浏览量比优化前高出了一千多倍，这也直接带动了"外来香"餐厅的生意，原本生意不算好的"外来香餐厅"一个月收入比以前翻了三倍，每天的预约电话也成了热线。

尝到了百度搜索 SEO 的甜头后，我开始每天都花时间关注我们的"外来香"网，如果排名稍有靠后，我就通过一些优化方法来进一步修改网站，尽量在短时间内让它重新排到前面的位置。除利用 SEO 技术外，我们还通过一定的优惠措施，鼓励食客在各大论坛发帖或在自己的博客中，评价"外来香"餐厅的饭菜和用餐环境。由于互联网信息传播快、影响大，客人发在网上的文字，给我们的餐厅带来了很好的宣传，他们的评价是最有说服力的。

"外来香"餐厅开张只有两个月后，很多食客都成了餐厅的常客，他们说，之所以选择我们这个餐厅，就是在于"外来香"网站在网上的搜索排名非常靠前，打开相关网页就找到了。有个经常到我们餐厅用餐的白领打工妹说："有一次我同事要过生日，他让我帮助选择生日聚会的地点。我通过上网搜索，很快发现'外来香'餐厅比较适合开生日 party，因为这里不但价格便宜公道，而且布置的环境非常适合我们各个不同阶层的打工者。"

这个白领打工妹的选择，也就正代表了"外来香"餐厅大多数新顾客的选择，这也是我们餐厅成功的原因。所以从餐厅的角度来说，增加在网上被搜索到的几率和靠前的排名至关重要。

从我亲身经历的这个案例可以看出，SEO 在网络创业甚至实体创业中的重要性。最近的一项调查表明，一般的网站百分之七十五的访问量，都来自于搜索引擎；有家美国权威顾问公司在调查中更是发现，对一个新网站的有效认知中，从搜索引擎中得来的占百分之八十五，从自由冲浪中得来的占百分之六，口碑宣传效应占百分之四，通过垃圾广告得知的占百分之二，偶然发现、从报纸、电视上得到的总共只占百分之三。由此可见，搜索引擎作为网站推广的首选媒介，有着不可忽视作用。

2. 网站流量的关键——关键词

对于一个个人网站来说，要得到很好的推广效果，百度、google 等搜索引擎无疑是最好的桥梁，它们能不分昼夜地把你的网站亮相到网上，让搜索者看到你的网站。但是，怎样才能让搜索引擎最有效地展示你的网站、让访客最快最方便地访问到你的网站呢？这里，就要引进 SEO 中最基本的技术之一——优化关键词了。

1. 什么是关键词?

关键词源于英文"keywords"，特指单个媒体在制作使用索引时，所用到的词汇。关键词搜索是网络搜索索引主要方法之一，也就是希望搜索者了解的网站（公司、品或服务等）的具体名称的用语。

简单地来说，当你在百度搜索框里键入你想要查找的内容的时候，你所键入的内容就成了"关键词"。百度所做的工作就是在浩如烟海的互联网中，找到含有关键词的那些网页。

一个网民可以命令百度寻找任何内容，所以关键词的内容可以是：网站、新闻、游戏、人名、星座、工作、软件、购物、小说和论文等；也可以是任何中文、英文和数字，或中文英文数字的混合体；关键词可以输入一个，也可以输入两个、三个和四个，甚至还可以输入一个短语、一句话。输入多个关键词搜索，可以获得更精确更丰富的搜索结果，一个网页与某个关键词的相关性，也就很大程度上决定了它出现在搜索结果页面的位置。

2. 关键词的分类。

在 SEO 中,网页上的关键词由于本身写法、所处的位置和所起的作用的不同,分为以下六个类型:

(1)核心关键词。核心关键词又称主关键词,指的是可以描述网站核心内容的词汇,是网站的轴心。网站上的一切内容都是围绕这个轴心展开的。从 SEO 的角度考虑,核心关键词本身对网站没有过多意义,重要的是核心关键词被搜索后给网站的排名表现。如果核心关键词选择得当,在 SEO 的过程中就可以事半功倍,并且可以提高网站流量和业务成交率。核心关键词主要以行业名称、产品名称、服务名称为主。另外重要的一点是,核心关键词往往是转化率最高的词。

(2)相关关键词。包括百度在内的一些搜索引擎都有相关搜索的内容,而且雅虎中国还有一个热门搜索,显示近期常用的相关词语,这些内容就是相关关键词。很多网站都把相关关键词作为网站的分类栏目,这样做的好处是可以突出主关键词,让其他内页辅助它,并且可以在网站内多次合理地出现。

(3)长尾关键词。长尾关键词是指,网站上非目标关键词但也可以带来搜索流量的关键词,它们的作用是方便用户快速找到自己需要的内容。长尾关键词主要有以下几个特征:搜索量比较少并且不稳定;存在于内容页面,除了内容页的标题,还存在于内容中;比较长,往往是两到三个词组成,甚至是短语;长尾关键词带来的客户,转化为网站产品客户的概率比目标关键词低很多,但存在大量长尾关键词的大中型网站,其带来的总流量却非常可观。因此不要忽略长尾关键词的作用,尤其是商业站点,这样的流量最有价值。

(4)辅助关键词。辅助关键词是指与核心关键词相关的解释、术语和名称等,是对核心关键词的补充。辅助关键词的数量可以是无数个,其最主要作用是通过辅助关键词的 SEO 优化,把对网站业务有兴趣的用户吸引过来。辅助关键词选择的过程中不需要考虑是否可以促成消费,只要与核心关键词相关,都可以罗列在内,可以从产品的特有属性考虑,比如产品的品牌、名称、分类、型号、特点、定位、已有用户、对产品不熟悉的人群和地域,等等。

(5)生僻关键词。可以自己根据自己的网站内容,寻找一些相关的但是很少被人使用的关键词。虽然这类关键词带来的流量很小,不过排名容易上去,也许一个页面被收录后当天就能排在搜索引擎的首页。做生僻关键词的好处是，补充一些相关页面比制造一些垃圾页面更能带来流量，特别是对于一些地方站、行业站来说，这是个比较好的方法。

3. 关键词与百度搜索的关系。

百度搜索是靠一个俗称"百度蜘蛛"的抓取程序来完成的。百度蜘蛛是百度搜索引擎的一个自动程序，其作用是访问你网站上的网页、图片、视频等内容，建立索引数据库，使用户能在百度搜索引擎中搜索到你网站的网页、图片、视频等内容。百度蜘蛛检索到网站后，就会解析出一个网页的复制页——"百度快照"。百度蜘蛛抓取到质量优秀的页面后，就放入引擎数据库保存。经过一段时间观察审核并分析该网页的关键词排布、密度、内容关联度、合理性、原创度、页面权重和外链建设等多种因素后，最终就会给予一定关键词的索引，显示到搜索页面上就是关键词的排名。

4.SEO 中的禁忌：关键词堆砌。

虽然网页中的关键词要有一定的密度，才能引来百度蜘蛛的频频光顾继而取得好的排名，但众多关键字都充斥于同一个网页上就会形成关键字堆砌。关键字堆砌的另一种表现形式是，将关键词尽可能多地填入了页面的 title（标题）标签中。

关键词堆砌的具体表现为：

（1）标题中堆砌关键词：由于标题是 SEO 中较为重要的一个部分，有些新手就将大量的关键词都堆砌在标题中，例如"主机_虚拟主机_买虚拟主机_虚拟主机空间_万网虚拟主机_新网虚拟主机_易名虚拟主机"，这种写法就是典型的"标题关键词堆砌"，其实对 SEO 没有任何好处。建议标题中相同关键词出现的次数最多不要超过 3 次。

（2）网页中堆砌关键词：有些新手认为关键词密度越高，则说明这个关键词在该网页中的重要性越大，但是他们并不懂得如何进行关键词布局，只为了提高关键词的密度，而在网页中将关键词乱堆一气。这种网页中堆砌关键词的主要做法是：

① 在网页的下方空上一大块，然后再在下面加上含有大量关键词的文章，这样用户一般看不到，可是搜索引擎能看到。以为这样既顾到了用户体验，又增加了关键词密度。

②很显眼地在网页的最下方写上"本站关键词：★★★、★★★、★★★、★★★、★★★"，然后将每个关键词都链接到主页。

③在网页中刻意插入关键词，导致语句不能正常读通顺，严重影响用户体验。

关键词过多地堆砌，是 SEO 中的一大禁忌。对于这种行为，搜索引擎通常会降低堆砌关键词网页的搜索排名，或者完全忽略这些关键字，严重的会导致网站被 K 的惩罚。至于有些人利用关键词堆砌这种作弊方式试图来提高网站排名（既某些黑帽 SEO），目前已经可以被搜索引擎轻松识别，已经基本失去了作用，使用的结果是他的网站从搜索引擎数据库中除名。

3. 流量，由关键词来打造

既然设置关键词对一个网站的推广至关重要，那么怎样有效地设置并优化它们，最终让它们为你的网站带来庞大的流量呢？

1. 慎重地选择关键词。

在选择一个或几个恰当的关键词之前，做好下列准备工作：

——多问问周围人的意见。征求一下你的家人、朋友和同学什么样的词语适合描述你的网站、产品或服务，他们很有可能会提供一些你连想到没想过的词语。

——参考一些主题与你网站相似或相同的网站，看看他们的关键词是怎么写的，这样你也有可能会得到意外的关键词，但是不要直接将人家的模板粘贴过来，这样做有时反而会费力不讨好。

——写下与你的网站、产品或服务有关的所有关键字。然后先不要对这些关键字进行审评，不要局限于你是卖什么的，而是尽量站在你客人方面考虑，想一想哪些人会为你的网站带来利益，尽量站在这些人的角度想。

——分析下自己网站的日志文档和访问来源记录。日志文档和访问来源记录会告诉你，来访者是使用什么关键字来访问你的网站的。

这里要注意，选择的一个主关键词或其他比较重要的关键词，最好至少要有50ip的指数，指数小于50ip，就说明这个关键词搜索量太小，就是做到排名再好，也引不来多少流量。也就是说所以要针对能带来较大流量、与你网站提供的内容关系最密切的词语来进行优化。所以对关键词的选择先要观察一下它的百度指数，如果是用根本没人往搜索引擎里面输入的、指数非常低的词语做关键词来优化网站，结果是不会给网站带来任何流量的。那么是不是指数越大的关键词越好优化？不是这样。很多流量巨大的热门关键词如"手机"已经被一些权威站点或者百度竞价垄断，个人网站很难竞争得过它们。遇上这样的热门关键词，只能缩小范围做长尾，如做"最时尚的女用手机"、"二零一零手机图片"等。

2. 多方面设置关键词

关键词选择好后，就可以按下面几个步骤来设置布局了：

（1）首先选择一到三个你网站的核心产品或服务的关键词，但如果这类关键词在百度搜索的第一页都是被"百度推广"所占据了，则建议选择这类关键词的其他相关关键词。因为你如果不改变相关关键词的话，排名最多只能做到百度搜索的第二页，但哪怕你做到第二页的第一位，效果也大大地打了折扣。因为大多数的网站用户还不习惯翻到第二页来找产品。

（2）把你网站的结构树状条理化并列出导航，在导航上要有一些目标关键词。

（3）为了增加关键词的密度，网站首页的各个栏目上，可以适当出现一些目标关键词，但不要出现得太多造成优化过度。由于关键词密度实际还是一个模糊的概念，没有一个准确的公式来限定，所以各大搜索引擎的密度值控制都不一样，甚至是同一个搜索引擎，对不同网站的关键词密度的大小所能允许的容忍阈值也不相同。一般说来，在大多数的搜索引擎中，网页关键词密度控制在百分之二到百分之八，是一个较为适当的范围，有利于网站在搜索引擎中排名。

（4）网站首页的标题可以按这种格式写：关键词1_关键词2_关键词3_广告（网站名称）。要注意网站首页标题最好不要超过三十个字，超过了搜索引擎会将截去不显示，这样的话会造成标题显示残缺。如果网站名称没有要求一定要放在首页标题上，那么建议标题用如下格式：关键词1_关键词2_关键词3_网站联系的电话号码。因为很多用户喜欢直接在搜索结果上就拨打网站（企业）的电话咨询。

（5）在网站每个页面的底部添加一行目标关键词并做个指向首页的内链接，这就是网站的"次导航"，它对于优化内页和首页，提升网站排名大有好处。这里要注意整个网站每个页面的次导航链接都要一致。

（6）最后添加新的栏目或一级目录（可以是博客）。这个栏目用来发布新的与目标关键词相关的内容。内容中出现的目标关键词，锚文本（内链接）都指向到首页。尽量在新栏目的内页都加上锚文本，但要注意每个页面，同样的关键词最多添加一次。

3. 善于挖掘长尾关键词。

搜索 SEO 中的长尾关键词，是网站优化比较重要和基础的一个方法，因为一个产品或服务的核心关键词（主关键词）是有限的，而且很多都是热门关键词，竞争极大；而如果我们用相关联想法和发散思维法进行挖掘，就能挖掘出许多竞争力小甚至零竞争的相关关键词。比如我们用搜索引擎搜索一个词时，网页底部会出现相关关键词，百度谷歌的个数都是十个。选择一个点击进去，又会出现十个搜索相关关键词。因此根据挖掘深度的层数，甚至可以得到上万的长尾关键词。

当然如果用手工挖掘的话，挖掘和整理都将会是非常麻烦和费时的事情，这时可以利用一款名为 admbb 的站长工具软件，里面有免费的关键词挖掘工具，可以自动挖掘长尾词、批量查询它们的百度指数，然后导出文档。

除了用软件进行长尾关键词进行挖掘外，还可以利用以下办法来得到长尾关键词：

（1）根据经验寻找可替换的、互补的长尾关键词。软件挖掘关键词是有盲点的，因为首先你要知道确定什么样的主关键词，而有些行业的术语、称谓等，是需要有相关经验支持的，这时可以通过阅读相关资料、了解相关知识来确定。比如我们在挖掘"番茄"这个关键词的时候，也要挖掘与"西红柿"相关的词，因为它们都是同一个事物；同样挖掘"电暖器"的相关关键词时，也可以挖掘下与"空调"相关的词。因为卖电暖器的商家可以通过介绍自己的优点，来吸引原本准备买空调的顾客。

（2）多观察行业知名网站的关键词设置，做到举一反三。比如你是做手机网站的，就打开搜索排名在前十位的手机网站，观察它们的关键词设置。这里需要考虑一个因素，有些大站的首页往往只设置自己的品牌关键词，所以可以参考下它们频道和栏目的关键词设置，看看它们的细分情况。

（3）提前预测即将热门的关键词。很多周期性的热门事物是可以提前做出内容优化的，比如即将到来的节日、新一年的各种预测、展会、国际大赛，等等，它们都是提前确定时间的。可以根据热门事物前几年被搜索的关键词长尾，推想出这次事件会被搜索的关键词。

（4）适当跟风热点关键词。网络热点关键词所蕴含的流量是巨大的，所以做长尾关键词的挖掘，还应该密切关注相关热点事件的动态资讯。可以通过观察搜索排行榜以及一些知名社区的推荐文章了解热点。做热点关键词，最好选择与本行业有关的热点，或者以自己的网站主题作为切入角度。从而提高流量来路的价值。

挖掘颇有价值的长尾关键词，主要还是在借势、顺势而为。通过以上几种方法的不同应用，挖掘出一定数量的长尾关键词后，就可以建立网站的关键词库，然后再根据指数情况、搜索结果页的竞争程度，筛选出合适的关键词，争取可以用最小的投入，获得最大的收益，让关键词为你的网站带来源源不断的流量。

这里通过一个传真机网站的案例，来说明一下长尾关键词应该从哪些方面入手挖掘。

北京某现代办公用品公司主要以销售佳能传真机为主，要求建立并优化一个网站，那么其企业网站的关键词选择可以参考如下方案。

核心关键词：

佳能传真机、佳能上海、传真机销售、上海传真

长尾关键词：

① 从品牌角度考虑：佳能公司、佳能客服、佳能传真机驱动、佳能传真机系列……

② 从产品名称考虑：传真机公司、传真机分类、传真机功能、最新传真机……

③ 从产品定位考虑：全功能传真机、家庭传真机、企业传真机……

④ 从对产品不熟悉的人群考虑：什么是传真机、传真机原理、传真机报价、传真机购买指南……

⑤ 从产品分类考虑：喷墨传真机、激光传真机、热敏纸传真机、热转印传真机……

⑥ 从产品型号考虑：佳能 FAX-L160G、佳能 FAX-JX210P、佳能 FAX-L100J……

⑦ 从地域角度考虑：佳能上海公司、上海佳能、上海传真机销售、上海佳能专卖店……

上面的这些关键词还可以互相组合形成更多辅助词和短语。

4. 把你的网站真正织成一张网

网站要获得一个较好排名，除了要保持经常性的内容更新外，优质的外部链接和有条有理的内链是关键的因素之一，这样才能把你的网站织成一张有序的网，让百度蜘蛛不断来爬取你的网站，最后使得排名不断升上去。

那么什么叫内链？内链，顾名思义就是在同一网站域名下的内容页面之间的互相链接（即自己网站的内容链接到自己网站的内部页面，也称之为站内链接）。合理的网站内部链接构造，能提高搜索引擎的收录与网站权重。所以相对于外部链接，内部链接也很重要。

网站 SEO 的过程中，百度等搜索引擎的蜘蛛在一个又一个页面中爬行的时候，是通过众多链接进行页面间的跳转的。外部链接是网站流量入口，指引蜘蛛来你的网站爬行，而内链的作用，就在当蜘蛛来你的网站爬行时，给蜘蛛的一个清晰指引和导向。

这时候，如果你的网站有太多死链，如果你的网站有的文章甚至没有链接指向，如果你的网站页面之间的链接乱七八糟没有规律，那么蜘蛛就会很不喜欢。因为千辛万苦地爬行过来的蜘蛛，希望能发现到网站上是新的、它很感兴趣的东西。可是它却没想到，连走十条路都碰死胡同，绕来绕去总是在几个页面里面转。最后蜘蛛很不高兴，"蜘蛛一生气，后果很严重"，离开的时候就对你网站印象极差，甚至马上就直接就给你降权或者 K 掉。可以这么讲，网站内链就是蜘蛛爬行的通路，蜘蛛爬得越顺，对你的网站就越喜欢，给你的分数就越高。

网站内链的好处还有：

1. 内链能增加搜索引擎的收录、激活页面排名。百度收录网站并不都是看权重，在某些情况下实际上还是非常依靠内链的，而且收录以后并不一定就参与网页排名，只有激活了该网页才会参与排名。

2. 一些竞争度不高甚至零竞争的关键词，不一定要外链的支持，用内链就完全可以把排名推上去。不要认为现在已经没有竞争度不高或零竞争的词了，要知道互联网到现在依然有无穷无尽的长尾。

3. 通过内链能推动主页权重，继而进一步提高整个网站的权重；通过长尾关键词链接到主页，能增加链接文字的广泛度，提高网站的关键字组合的排名。也就是说，一个链接就代表对于一个页面的投票。外部链接之间，是网站的相互投票，是 pr 的相互专递；而内链之间，是内页之间的相互投票。蜘蛛顺着内链多爬几次同一个页面，它就会认为这是个重要的页面，从而提高该页面的权重。

那么怎样做好网站的内链呢？可以遵循以下几条规则：

1. 在做内链的时候，给比较重要的网页多一些内链，比如多次提到一个网页并多次给出该页面的链接，告诉蜘蛛该页面是这个网站的重要部分，让它提高该页面的权重，这样有利用该页面关键字的排行。至于哪个地方该给出内链、一个页面内多少个内链合适，一般 SEO 爱好者的经验就是不要刻意去，在需要的地方给出适当的内链就行了。要知道 SEO 最重要的，就是提高用户体验度然后找寻用户体验度和 SEO 优化之间的结合点。

2. 对于一些收录不好和 pr 值不高的文章页面，可以通过多建立一些该页面的内链，来起到对该页的投票作用，这样一来增加百度收录可能性，二来又传递了 pr 值。

3. 网站合理的内链布局有利于提高用户体验度、增加网站 pv 和提高访问量等等，比如在最新文章、热门文章、相关文章等等之间都做上内链。如果就是一个孤零零的文章页面，访客看完了就直接关掉，这样就白白损失用户接下去体验网站其他页面的机会。所以在建网站之前，一定要有个总的思路，不仅只考虑该网站的主题内容，还要思考布局内容页面之间的链接，要提高哪些主要的关键的网页等等。

除了内链外，网站排名的另一个重要因素就是外链了。有人认为网站优化过程中最值得花钱的也是四个字："友情链接（即外链）"。如果你的网站被链接到某些颇有名望的、pr 值高的网站，百度之神就会对你露出亲切的笑容。

关于友情链接，比较完整的描述是："友情链接也称为网站交换链接、互惠链接、互换链接、联盟链接等，是具有一定资源互补优势的网站之间的简单合作形式，即分别在自己的网站上放置对方网站的 LOGO 图片或文字的网站名称，并设置对方网站的超链接，使得用户可以从合作网站中发现自己的网站，达到互相推广的目的，因此常作为一种网站推广基本手段。"

很多站长都喜欢直接引用友情网站上的图片 url，认为这样对网站有美化作用，但这样一来图片要先经过加载才能显示，由于各个友情网站的访问速度不一样，整个友情链接区域都要等图片下载完了才能显示出来，这样大大降低了网页的速度。因此，做友情链接时应尽量做到：

（1）只做文字链接，这样就不会延迟网页打开的速度的。

（2）将所有链接都放到一个独立的分页上去，然后在首页链接上这个独立分页。

（3）如果对方要求友情链接一定要出现在首页，那么请将整个友情链接区域放到页面的最下方，因为页面是由上到下逐行显示的，将其放到页面的最下方，不会延迟其他内容的显示。

（4）友情链接的 logo 图片最好先下载到本地后，再传到自己的网页空间，这样，速度由自己的网站空间决定而不受友情网站的影响。

不过，得到友情链接需要辛苦的劳动投入，要花很多时间跟人套近乎、做电子邮件陌生拜访以及找别的网站主交换链接。很多 SEO 爱好者都认为寻找并增加友情链接是 SEO 中最困难的工作。这里告诉你一个小技巧：在网上寻找与你的网站风格相近、产品或服务相关的网站和博客，收集整理所有站长和博主的电子邮件地址，然后群发一封言语诚恳的邮件，先介绍自己的网站，再询问能否请对方添加友情链接。在恳切请求之余，和对方交换链接、给对方提供某些方面的优惠或其他各种形式的"答谢"，能帮你增加成功几率。

当然如果你愿意在友情链接上投点资，找一些善于此道的专业 SEO 公司替自己去找友情链接，也不失为一个办法。

做友情链接的时候还要留意两点：一是如果是新站，外链不要一下猛增过度，这样容易被百度蜘蛛判定为作弊行为，即使你已经弄到了很多优质的友情链接，也每天加几条为好；二是网站的友情链接，最多不要超过三十个，外链在你的网站上蛰伏过多，容易把你网站的权重分散到外链的网站，这样反而没有效果。

俗话说："人上一百，形形色色"，在网站优化的领域里，也存在着一些相互竞争的关系。在引进和设置友情链接的时候，站长特别是广大的新手站长还要注意对方给你设置的如下一些陷阱。

（1）链接页可能根本就是只给你准备的。有的站长心机很重，在与你交换友情链接的时候，告诉你你的网站链接已经放在比如 domain.comindex.php 页面。你点过去一看，果然有你的链接，而且这还是首页，你就链接回去了。但如果你仔细再检查一下他的网站，却发现他的首页根本不是你看到的这个页面。当你去掉 index.php，去他真正的首页时，却发现是另外　个页面，而他真正的首页有可能是 index.html。由于 html 文件比 php 文件优先度高，所以搜索引擎真正收录的首页是 index.html 页。对方却误导你，让你觉得 index.php 文件是首页，而且还有你的链接。

（2）单方面删除链接。你和某个站长交换完链接后一段时间，对方趁你没注意悄悄把网站上给你的链接拿下了，这样你链接过去的链接就成了单向链接。对于被链接的网站来说，单向链接是个很好的网站优化的方法，只是对于你来说，未免太不公平了。

（3）pr 是劫持来的。虽然 pr 的作用到底多大，大家意见不一，但高 pr 链接谁也不会拒绝。但要小心有的网站的 pr 是通过 pr 劫持得来的，你要链接的网站并不真的有那么高的 pr。

（4）对方根本没链接到你的网站。有的站长检查你的网站的外部链接有哪些，然后告诉你说，我从网站 A 已经连向你，请你连向我的网站 B，这样是交叉链接，比双向的效果要好。

就算这种交叉链接不能被搜索引擎检测出来，可你再仔细检查一下的话，有可能发现网站 A 上的链接，是你以前和其他人交换链接时得到的，和要跟你交换链接的这位站长一点关系都没有。他只不过检查了你的外部链接，知道 A 网站上有你的链接，假装那个链接是他做给你的。而你有可能交换链接的次数也很多，早就忘了是怎么回事了。

（5）使友情链接页根本不能收录。有的站长虽然在页面上使友情链接页看似普通网页，但其实使用 robots.txt 文件，使友情链接页根本不能收录。这也是我觉得 pr 有时候还有一些用的原因之一。如果网页有 pr，至少说明网页已经被 google 收录了。

（6）做一个没有什么权重的垃圾网站和你交换链接。有的时候站长打着交叉链接的旗号，让你的链接指向他的那个真正的商业性的网站，但他却从一个垃圾网站链接向你。这种垃圾网站最常见的形式就是垃圾目录，完全没有什么权重，是专门用来做友情链接用的。

（7）友情链接本身不传递权重。有的站长把友情链接加上 nofollow 属性，有的时候友情链接是用脚本转向的。这时候这样的链接实际上都已经不是正常链接了，并不能传递任何权重。有的站长做得更隐蔽一些，使用 JS 脚本，"链接"是经过转向的，但鼠标箭头放在链接上时，浏览器状态栏却显示正常的链接。这样除非你去检查他的源代码，不然很难发现他给的链接其实是通过脚本转向的。

（8）把友情链接页的权重弄得最低。只在首页，或者网站地图页上放上友情链接页的链接。这样友情链接页也可以被搜索引擎收录，但整个网站只有一两页链接到友情链接页。这样的链接结构就使得友情链接页的权重非常低。正常的网站结构应该是友情链接页是整个网站的有机组成部分之一，处理上应该和其他页面相同。比如说友情链接页是一个频道，里面又分很多分类。那么这一个频道应该和其他内容频道一样，在所有页面上都有一个导航链接，使友情链接页得到它应有的权重。

总之，互联网是需要多层的链接再链接组成的一个网络，之所以建议大家把自己的站编织成一张网，是因为当蜘蛛来访的时候，会通过众多的链接在网站里爬来爬去，每爬过一次文章，那么此篇文章的权重又有了一次小小的提升。就像你的网站如成为一个城市，优质的网站链接就是纵横在这座城市里面四通八达的公路，让蜘蛛能够抵达城市的任何中央。所以把学会"织网"，不但吸引了百度蜘蛛来爬，来你的站里绕圈从而提升网站权重，做好相关关键词的链接，这对用户的体验也是非常好的。

第十二章

Chapter 12

网上书店如何才能持续赢利?

1. 开网上书店需要好的管理系统

互联网的诞生和发展，颠覆了传统的信息传播方式，冲破了传统交流方式中时间和空间的种种壁垒，极大地改变了人类从物质到精神、从形式到内容、从生产到生活的各种活动，并且给人类带来了新的机遇和挑战。同时，互联网传递的大量信息，使得现有的社会资源获得高效配置。而通过适度投资开一个网上书店，零售和批发品种繁多、利润空间大和永不过时的知识载体——书籍，为当代读者积极传播精神食粮，无疑是网上创业中一个比较好的电子商务项目。

网上书店的利润到底多高？业内人士分析，一般网上销售书籍加价的原则，是在进价的基础上加百分之十到百分之三十，少数也可以达到百分之三十以上的。这是因为网上开书店的成本，要比传统实体书店低，而低价也是吸引消费者光临网上书店的一个重要原因。如果是定位准确，经营得当，一个月销售万元左右的图书应该不成问题，网店的支出很小，那么净利润应该差不多在两千到四千元左右。当然随着网上书店信誉和知名度的提高，生意也会越来越好，也许有一天你会做到像当当、卓越那样的规模。

网上创业，主要就是通过网站与浏览者（即网上生意的潜在消费者）进行互动最后达成成交，网上书店也是如此。用户通过上网，对书籍信息进行浏览、订购，创业者在网站后台对客户信息、书籍信息和订单信息进行管理和处理，通过与客户的互动获得收益。知己知彼，方能百战不殆。所以开一个网上书店要吸引消费者，并且获得很好的利润，首就要针对传统实体书店经营中的不便之处，通过网站（对创业者来说是管理系统）的某些优势进行弥补和消除，让读者意识到：去传统实体书店购书，还不如打开电脑，动动鼠标，到你货源充足、价廉物美的网上书店来淘宝。

1. 传统实体书店在经营活动中有很多不方便之处。

通过对传统中小型实体书店所做的调查，我们可以了解到这些传统实体书店的经营活动中，还存在着如下一些问题——

（1）顾客购书的诸多不便，主要表现为：

① 顾客想要知道书店中有没有自己喜欢的图书，必须亲自到书店看一下，否则不能有较充分的了解；

② 顾客想要在书店中查找某本图书，往往需要较长时间。即使向店员咨询，有时也得不到满意答复；

③ 书籍的折扣价格一般不会标出，而不同书籍的折扣又不同，所以顾客并不知道书架上所摆书籍的出售价格；

④ 即使书店在柜台上等处标明了书籍的折扣价格，但当顾客购买的书籍较多时，仍然不容易计算出书籍的总价，因为要涉及到不同的折扣。

（2）除顾客购书不便外，传统实体书店管理方面还存在如下需要解决的问题：

① 由于书店（书库）的商品几乎是海量，所以对库存书籍的登记、查找、分类等工作需要耗费大量时间；

② 由于店内空间有限，不能进太多的书目，或库存书目不能全部摆放在书架上，这样就减少了客源；

③ 店员并不可能了解店内所有图书信息，所以面对顾客的某些问题，往往束手无策或由于记忆错误给出不正确的答案；

④ 书店在发展过程中，需要顾客的建议和意见，而这种信息互动实施起来较为困难。

2. 针对传统实体书店的购书和管理的不便，确定网上书店管理系统的功能。

根据对传统实体书店所做的调查，针对上述经营活动中买卖双方的不便，我们就可以确定网上书店管理系统应具备以下主要功能：客户注册、登录获取权限、注销本次权限、修改个人信息、浏览最新书籍、分类浏览书籍、搜索书籍、购物车功能、下订单、书籍发表评论、提出自己的疑问或对网站的建议、浏览用户信息、书籍信息搜索、书籍信息浏览、添加图书、修改图书信息、处理订单、浏览订单信息和处理用户的反馈信息等。

具体说来，网上书店管理系统应具备以下十个主要功能模块：

（1）书籍浏览功能：显示最新入库的图书。点击分类扩展链接，可以分类了解图书信息，并且可以针对具体书目查看更详细的信息。这个功能一般放在网站首页。

（2）书籍搜索功能：在网站前台提供了书籍搜索功能，搜索条件一般包含完整的图书名称、作者名、译者名、含有图书名称（包括作者、译者名）的关键词以及除此之外的站内任何信息等，并且可以针对具体书目查看更详细的信息。

（3）账户管理功能：包括注册会员、登录网站、修改个人信息和取回丢失密码等。网站中的书籍评论、下订单和信息反馈等功能也只是对注册用户开放。

（4）书籍评论功能：在书籍详细页中，提供了书籍评论界面，用户可以针对该书发表自己的观点。

（5）购物车功能：这是网上书店管理系统的核心模块，用户可以将自己喜欢的图书放入购物车中，以决定是否购买或删除，还可以修改商品数量。用户订单也是依此建立。

（6）订单功能：用户可以在此填写收货人、收货地址、邮政编码、电话号码和其他联系方式等详细信息，并依据购物车中的内容来提交订单，等待配送员的配送。

（7）用户管理模块：在该模块中，后台管理者可以根据用户 ID 查询用户、浏览用户信息和用户所下订单信息。

（8）书籍管理模块：在该模块中，后台管理者可完成添加新书、根据书籍 ID 搜索书籍和更改书籍信息等操作。

（9）订单管理模块：在该模块中，管理者为用户所下订单完成配送设置，查看库存商品是否充足，和用户所填收货信息是否在配送范围之内，并为可发货订单选择配送员。

（10）留言管理模块：在此模块中，对于用户提出的问题和建议，管理者可给予适当的回复；对于用户的不当留言，管理者也可以删除。

总之网上书店管理系统除了要基本具备一个网上商店电子商务系统应有的功能外，还要充分利用网络信息交互方便、快捷的优势，让顾客可以对网站提出问题和建议，给书籍写自己的评论，使顾客不只是被动的购买者，还是网站活动的参与者，同时网站也能在顾客言论中，获得许多有利于书店经营甚至书店发展的信息。

3. 按照自己的具体情况，到网上大型电子商务平台（如淘宝、百度有啊等）上开通自己的网上书店，或者自己投资租用域名、空间，使用专门的网上书店系统开店。

（1）在淘宝网、阿里巴巴、易趣网和百度有啊等大型电子商务平台申请建立自己的书店。

目前在这些大型电子商务平台上开店大部分还是免费的（但有些有更完善的VIP 服务功能的，则要收取一定的费用），创业者只要填写身份证信息（或传送扫描件）、银行卡信息并绑定支付宝之类的支付系统，然后按电子商务平台的提示，一步一步做着做，就能完成开店步骤。

在大型电子商务平台上开网店，不需要过多或者系统的网站建站知识，也不需要租用域名和空间的费用，后台操作简单，维护方便。但这种网店没有自己的独立域名和空间，不利于网店的个性推广和优化；大型电子商务平台上的同类网店一般很多，竞争激烈，因此要从同行中脱颖而出也颇为不易；这种网站还受到电子商务平台方面的局限和调整，一旦整个电子商务平台出现状况，将会殃及每一个店铺。

（2）租用网上的域名和空间，利用专业的网上书店管理系统，开一个完全属于自己的网上书店。

开这类网上书店，需要创业者具备一定的网站建站基础，和网站安全防黑知识，而且要投资购买（即租用）自己选中的域名和空间，并且安装一套网上书店系统。但自己建站开网上书店的优势也十分明显：由于是自己的域名和网站，不受电子商务平台中千篇一律的网店统一模式的制约，可以设计出自己独有而有吸引力的网页，提高浏览量和关注度；可以选一个独特好记的域名以利于网站今后的发展；可以设置其他电子商务平台上没有的功能，使自己的网上书店更加人性化、专业化等等。所以我建议，一个创业者如果要想将自己的网上书店做大做强，最好能够用自己的独立网站来开书店。

目前互联网上的网上书店系统很多，而且大多都具备上面列举的那些管理功能和模块。具体来说主要有以下几种：

① 点创 DOidea 网上书店。点创 DOidea 网上书店是一套专业的网上书店程序，主要有图书分类、图书查询、图书排行榜、最新图书、特价图书、关注排行榜、销售排行榜，新闻系统、汇款确认机制、求购书籍、在线咨询、热门图书定义、全站广告后台管理和集成"支付宝"在线支付等功能。

② WaStar 网上书店系统。WaStar 网上书店系统具有分类检索、搜索、购物车、订单提交和查询等网上书店所需的功能，还具备灵活的网站内容维护功能和会员功能，适合建立各种网上书店。

③ 马克网上书店系统（MarcBookShop）。马克网上书店系统是一个绿色软件，它不需要在计算机上安装任何的客户端软件。主要特点有书店管理、支付购物和示范应用，非常适合各类专业书店、书商、图书公司和出版社使用。马克网上书店系统的操作界面十分人性化、支持客户根据自己的情况量身订制，只需要少量投资即可投入使用。

2. 网上书店的一些经营策略

开网上书店只有顺应网络商业的特色进行策略经营，才会书市在激烈的竞争中，甚至出版界中占有一席之地。总的说来，网上书店的经营策略主要有以下几点：

1. 发挥网上书店价格灵活、品种海量的优势，做到让读者在任何时候都能各取所需，满载而归。

互联网上信息无限的特性，使得网上书店所能展示的品类得以急剧扩大，品种繁多。

在传统实体书店，一本书的上架时间根据其销售情况，短则数月，长则数年，平均在一年以内。那些在实体书店由于销路不畅而遭到下架的图书，就躺在实体书店的库房里，甚至退回到出版单位，成为出版社的"不动产"。这些被遗忘的图书，在网上书店却成了"香饽饽"，因为网上的读者，远远比实体书店附近的读者数量庞大，任何图书在他们中间都会找到买家。

正因为网上书店有海量储存图书的优势，所以能最大限度地吸引读者和购买者。在这一方面，如果店主能进一步经常到后台查询近期图书的销售情况，主动查找断货和将要断货的品种、断货原因，是否需要补全，补充多少数量等，做到心中有数，网店资源这一块就等于是完整地利用起来了。

2. 充分利用图书的推荐信息，突出其个性化特色。

网上书店的推荐信息，能够帮助读者拓展阅读视野，也能够刺激读者的消费，因此各大网上书店都十分重视图书的推荐信息，但大多比较简单。如当当网上书店提供的推荐信息，仅有主编推荐、新书推荐和热搜图书推荐信息。顾客浏览一本图书，只能获得与此图书主题相关的图书信息，除此之外并得不到别的有个性化的推荐信息。

值得注意的是，当当网上书店的这种推荐信息模式，已成为中文网上书店的普遍模式。

为此，你的网上书店若要在竞争中脱颖而出，做出个性化特色，不妨在推荐信息这个方面下功夫，甚至向国外的一些大网上书店学习取经。

如亚马逊网上书店根据商品的不同属性，给予顾客相关商品消费信息的推荐。除了告诉顾客价钱和折扣之外，还让顾客留下自己的意见或心得，作为其他消费者的参考意见。此外，顾客若购买其中一本书，还可以获得同类书籍的推荐作者信息和相关主题的图书信息，于无形之中引导读者进行消费。

推荐信息中还可以大力突出一些名家推荐。名人依靠其知名度，所以推荐权威性比较高。而名人效应和读者对名家的崇拜，使得名家的推荐信息一般会受到读者的重视。

网上书店个性化的图书推荐信息，体现了网上书店对读者的人文关怀，也是读者追求自我的一种表现，亚马逊网上书店甚至能根据读者心情推荐书目，使读者在任何一种情绪下，都能找到适合自己阅读的图书。这些都值得创业者研究和尝试。

3. 利用各种方式对商品进行促销宣传推广，如折价促销、邮件宣传和战略合作等。适当的促销宣传推广，能打出网上书店的名声，带动书店的销售，有利于书店的未来发展。

网上书店常见的促销推广手法有如下几种：

（1）折价促销。随着图书价格的放开，折价促销成为网上书店最常用的一种营销促销方式。

（2）邮件宣传。邮件宣传是指网上书店根据会员顾客留下的电子邮箱，将近期的促销信息发到顾客的邮箱里。主要是根据顾客以前的购买经历，发一些相关的图书促销邮件，即使顾客从来没有在书店中购买过图书，书店也会定期或不定期地发一些关于书店商品促销的信息。邮件宣传要注意适可而止，要让顾客特别是潜在的顾客，看到邮件里有他们所需要的东西而感到高兴，尽量做到人性化沟通；不要像发垃圾邮件一样随意骚扰顾客的邮箱，那样不但不会得到顾客的理解，还会让他们厌烦。

（3）战略合作。网上书店特别是网上特价书店，与一家或数家有实力的出版社进行战略合作，绕过层层渠道商直接从出版社进货，这样不但网上书店与出版社互利双赢，而且还使网上书店进一步保证了货源、降低了书价，也为网上书店今后的发展提供了一定的保障。

4. 在图书价格上找出适当的定位，做到"高"不推开读者，"低"不亏了自己。

网上书店之所以吸引顾客，一个重要原因就是，因其提供的图书都有一定的折扣，图书的销售价格关系到网上书店的生存与发展，只有真正实现其价格优势，网上书店才会有更好的发展。在这一点上，作为网上书店店主的创业者们，要学会在图书的成本和利润间有所取舍，灵活定价，吸引顾客。比如说对于一定的折扣后，读者仍然觉得定价偏高，但成本已无太多降低空间的图书，可以采取购书送优惠券等办法，继续吸引读者。

5. 在网上书店里建立读书社区。

许多网上书店充分利用网上信息传播双方的可交流性的优势，让读者推选出自己所喜欢的书籍，从而统计出流行的书。有时还可以举办网上写作等的活动，设立一定的奖励（可用会员卡、优惠券和 VIP 特权来体现），激起读者对网上书店的亲切感，从而有利于自己网上书店的亲民化和黏度。

6. 树立自己的品牌。

网上书店经营的时间长了，发展壮大了，就要注意在读者中间建立起自己的品牌。一个成功的网上书店，除了在重要的大众媒体上登广告，接受报纸杂志的专题采访等宣传促销活动外，还应和一些拥有庞大读者队伍的读书、文学类网站上，做品牌广告并达成联营协议，让读者不断地看到自己网上书店的正面形象，从而使自己的网上书店，逐渐地在读者心目中树立了品牌。独特品牌的经营，本身具有可贵的市场价值，名牌实际上是一笔巨大的无形资产。爱护并不断培养自己网上书店的品牌，对于书店未来的发展，将会起到一个很大的推动作用。

3. 网上书店的顾客忠诚度培养

目前网上书店发展迅猛，如何在激烈竞争中保持领先优势成了各个网上书店的难题。而在网络时代，电子商务环境特殊，市场透明，网上书店企业、客户、竞争者间的距离缩小，使客户非常容易流失，只有忠诚的客户才能保证网上书店长期的利润。因此，网上书店必须要长期培养顾客的忠诚度，以进一步在行业市场中提高竞争力。

1. 电子商务环境下顾客忠诚的概念。

电子商务环境下的顾客忠诚也被叫做 E 忠诚。对于 E 忠诚的理解，学术界对此还没有明确的界定。国外有专家将 E 忠诚定义为：网络顾客基于以往的购物体验和对未来的预期，愿意再次光顾当前选择的电子商务网站的意向性。当前通用的概念认为，E 忠诚就是：网上顾客对于某个电子商务网站或品牌网站，除随时关注它们的产品信息外，还会反复购买它们的产品或服务，甚至无意识地在生活中或网络论坛中，对企业网站做正面的"口碑"宣传。

基于上述定义和概念，我们也可以将电子商务环境下的顾客忠诚理解为：顾客因对电子商务企业产品和服务的认可和信赖，表现出对企业网站的反复访问、对产品或服务的重复购买，以及在心理和情感上对企业的一种高度信任和忠诚，并自觉维护、增加和提升企业利益或形象的倾向和行为。

2. 网上书店影响顾客忠诚的因素分析。

究竟网上书店的哪些因素会对顾客的忠诚度有积极的影响，让他们成为网上书店的忠实粉丝呢？

（1）品牌形象。网络消费者在很大程度上，会将他所信赖的网络品牌作为选择依据。在某个方面来说，域名就是网站的品牌，而要让顾客在广阔无际的互联网中，轻易地找到自己的网站，一个鲜明、简洁、易记的域名是培育忠诚顾客的先决条件。

（2）网站形式。在现今"眼球经济"的时代，如何第一时间引起消费者的注意，无论对传统商务或电子商务企业，都是至关重要的。首先，网站的设计风格是给访问者的第一印象，独具特色的网站不仅能吸引顾客，也能让其体会到消费乐趣。其次，网站的信息和内容丰富与否，决定了消费者对网站的兴趣倾向和知觉态度，进而影响顾客满意度。最后，快节奏的生活使人们变得越来越没有耐心，速度和便捷是确保消费者持续惠顾的基本保障，网站使用的方便性直接影响消费者的感知价值。

但有些网上书店一味地追求网站的别出心裁和书香文化，首页采用精美华丽的 flash 界面，一定程度上影响了网页的打开速度，也影响了用户体验，这是不可取的。须知，顾客到你的网站，归根结底是来选书购书的，而不是来看你网站有多么好看的。在网站的实用性上，最好不要本末倒置。

（3）服务质量。顾客忠诚水平的高低，往往取决于网站所提供的服务水平，而服务质量，是影响顾客行为意向的一个重要决定性因素。在电子商务环境下，服务质量的衡量标准主要表现在：顾客能否与网站方便、快捷地进行互动交流；顾客能否得到完善的物流配送服务——合理的送、退货政策，交易完成后的订单确认服务，及时、准确和安全的送货服务，以及商品的包装服务，都是影响顾客满意的重要因素；网站能否妥善处理客户投诉。客户的投诉是因为客户对商品或服务的不满，网站如正确对待客户投诉，并用积极的态度处理投诉，则会在极大程度上提升顾客的满意程度，从而提升顾客的忠诚度。

3. 网上书店提升顾客忠诚的策略。

电子商务环境的虚拟化，使得在建立网上书店顾客的忠诚时有别于传统书店。要建立网上书店顾客的忠诚，必须了解在线顾客的忠诚的因素，满足甚至超出消费者的期望；让他们获得实实在在的利益，为网上顾客提供高品质的、能满足其需要的产品；网站能够有效、迅速地运行，包括网站的稳定和服务器的安全等。在此基础上，网上书店应该完全从顾客的角度出发，通过以下的策略来培育顾客忠诚。

（1）品牌策略。首先创业者对于自己的网上书店，可以运用自创方法来创立品牌。如自称"全球最大的中文网上商城"的当当网和卓越网，其品牌也是逐步建立起来的。

由于网上书店具有进入门槛低、发展前景看好和与信息技术的进步高度切合等优势，许多创业者也开始经营网上书店，这其中有崭新的进入者，也有的是虽然已在网络世界建立起品牌，但其品牌定位与网上书店的目标服务顾客群有差异，所以他们应该选择建设新的品牌比较合适。

其次网上书店创业者又可运用移植方法来创立品牌。对于网上书店这种新型的销售模式而言，将实体书店的品牌移植到网上去，可以较快地占领市场，吸引目标顾客群。德国的贝塔斯曼在线、我国的上海书城网上书店都是这种策略的成功实施者。

第三，网上书店还可运用交叉方法来创立品牌。相对于人们习惯使用的传统媒介而言，互联网毕竟是一个新事物，吸引和积聚读者，需要经过一个市场培养过程，因此在建立网络品牌的时候，可以运用网上网下的交叉推广策略。例如在传统书业信息杂志、报纸刊登网上书店的广告；给在传统购书地点购买图书的读者，赠送网上书店的消费券或积分卡等。交叉还可以是与其他的门户网站、书业网站、内容网站和合作伙伴之间的交叉，在彼此的网站上放置适宜的广告，使自己的网址列入对方的"友情链接"、"热点链接"等诱导式栏目之下，以吸引读者的注意和回应。

（2）网站建设策略。网站建设是网站形式的具体体现，针对网站形式的影响因素，网站建设策略具体为：

① 全面的图书内容介绍。在图书内容展示信息中，网上书店首先需要专注于自己的经营品种和范围，建立庞大的书目数据库，为接下来的具体内容展示奠定基础。同时，网上书店必须尽可能地提供关于图书的详细资料，充分解释商品信息，向读者展示图书目录及部分图书内容，使读者了解图书是否能满足自己的

需要。

②强大的信息检索功能。网上购书，信息检索是非常重要的一环。以亚马逊网上书店为例，不仅有类似于传统实体书店中分类书架的分类功能，还有强大的搜索功能协助，使得消费者方便搜索任何一本图书，可用的搜索条件包括书名、作者姓名、出版社和主题类别等多达二十八种信息。由此，网上书店应该利用数据库技术和搜索引擎技术，为读者提供强大的检索工具和丰富的检索入口。

网上书店相对于传统实体书店而言，读者网上购书需要了解的内容更多，既有购物步骤、支付方式，又有配送渠道、订单查询等。网上书店应该在首页的醒目位置，设置专门栏目为读者提供此类信息，可以采用文字、图表的形式进行说明；为了更加形象和方便读者利用，还可以做成动画形式，配以文字、图片说明和语言讲解。同时，因为网上书店的最终目的是促进销售，读者是否能方便地了解交易模式非常重要，因此在读者能够打开的每一个子页面也要设置该说明。

③产品策略。质优价廉的图书是顾客在网上书店最需要的产品，因此，网上书店要保证自己的图书是正版书；同时，由于网上图书给出的折扣比较大，又要掌握好图书的进货渠道，使顾客真正得到实惠，才能提高顾客的重复购买欲望。

④服务策略。网上书店所服务的读者顾客没有省市地域的限制，所以，货物配送环节必不可少，并且是标志网上书店实现交易成功的最后环节。要注意，相对便宜的运输费用，为网上书店的发展提供了便利条件。

完善的售后服务是网上书店能留住顾客的一个重要法宝。首先要提供用户和网上书店的全面的沟通途径，如通过网站反馈、QQ客服、电子邮件联系、免费客服电话等等手段，其次要退、换、补货方便，在客户收到书后，如果发现所购图书有任何的质量问题都可以提出退货或换货。

⑤读者个性化及信息保密策略。网上书店在可以不留痕迹地记录下顾客信息的同时，更要注意顾客信息的保密。无论是在交易前还是交易中以及交易后，网上书店必须秉着对顾客高度负责的态度。网上顾客最担心的问题，是他们的信用卡账号、密码等被泄漏或盗用，因此网上书店要投入足够的力量来保护顾客信息的安全。在未经顾客的同意的情况下，不可将顾客的身份、地址等透露给第三者，或是跟踪顾客的网上行为，网上书店要注意保护顾客隐私，不得随意外泄。

4.网上书店持续盈利有讲究

网上创业是个坚守的过程,需要有信心、坚忍和毅力。网上开书店也是如此。要开店后生意不衰,达到持续盈利的目标,在日常的经商活动中就要注意精打细算,注意经商细节。俗话说:"细节决定成败",只有把每个细节都处理好了,才能逐渐形成创业者自己的商业风格,才能在日益激烈复杂的竞争中立于不败之地。

1.预留资金做到有备无患。

如果你开的网上书店,不是以批发而是以零售为主,那么既然是零售就需要预留出一部分进货资金。进货时因渠道不同和销售产品不同,需要的资金数量也不尽相同。如以经营畅销书为主的网上书店,进货时所需要的资金量是最大的,因为畅销书往往折扣较高而且码洋较大;经营教材教辅类书籍的网上书店,则不需要太多的资金储备,但是需要很好的市场感觉,因为教材教辅类的书籍往往实效性很强。所有类型网上书店中,可能进折扣型图书较多的书店经营的图书,需要的资金量是最小的,却需要有大量的现金储备,因为经营折扣的网上书店在进货时需要现货两清。

具体预留多少钱,因进货时图书的种类和渠道不同而有所不同,建议预留两三万元或五六万元都行。

2.进货渠道不可小视。

网上书店的经营,其进货渠道将是决定书店发展的重要因素之一。同样一批书，有人通过某种渠道以很低的成本进货，结果狠赚了一笔；而有人却找错了渠道，造成进货成本过高，没有达到预期的盈利。所以说，渠道的好坏决定着你的书店赢利与否。但是从另一个角度来说，本来是公平竞争的生意，还要去钻山打洞找渠道，这本身也就说明国内的图书市场还存在一定问题，因为进货时浮动点的变化往往取决于发行部门的关键人物，如果这一关打通则一切好办，正所谓"通则不痛"。好在随着市场经济体系的发展，这一环节也正在好转。各地出现的图书批发市场，就成功地分流了一部分中小图书经营者，为经营者减少了很多不必要的开销。

进货渠道也因经营的图书种类不同而不同。如果你是想开特价书店，可以到当地的特价书市进货；如果想做流行图书，可以在出版社或者文化公司进货。

在这里还为网上书店创业者介绍一个进货的捷径，即图书展销订货会。每年各地均会举行多场图书展销订货会，这是图书经营者和制造者最好的沟通桥梁，在书市上图书经营者，通常都可以拿到价廉物美的产品。

如果从出版社进货，关键就要看这个出版社的信誉。一般从出版社进货，需要批发特价图书的副本量非常之大，才能以三折左右的价格拿下。

3. 用好折扣杠杆，尽量低折扣进货。

折扣是网上书店经营者最关心，也是最能左右经营活动的杠杆，因此创业者经营网上书店时，首先要弄清折扣的杠杆作用。除特价书外，一本新书的折扣一般在三点五折到五点二折之间，具体多少还要参照这本书的市场定位。一般来说，畅销书定价较高，常销书次之。有些在市场中影响较大的图书，可能会打破这个规律到五点五折甚至六折。

4. 会员制也要做得精彩。

会员制是很多商家所推崇的一个经营策略，在网上书店的经营中同样适用。比如有的网上书店根据顾客消费情况推出铜牌会员、银牌会员、金牌会员三种会员类型，除了根据会员类型不同享受不同书目折扣之外，还可以通过"会员俱乐部"享受书店提供的其他精彩会员增值服务，比如说每年年终时，可以随便选择一本一定价位内的新书。书店每年还可以举办答谢读者活动，如抽奖等。

建议必须让每一位会员感受到成为你的书店会员后，很荣幸和自豪。所以会员资格要有点严格，并且每年要限定基本的会员增长数量，稍微有些浮动。

不能仅买本店的图书达到多少金额后，就可以成为会员。首先会员必须是书籍爱好者和本店的经常顾客。每两周能登录你的网上书店一次，每月购买至少一本书籍。其次，会员的级别可以是"银卡会员"、"金卡会员"和"白金会员"。要注意：级别的起点最好是"银卡"起，因为这种设置会让最初级的会员，也感到自己的级别在名称上比较高级，也许他的朋友看到了还会比较羡慕，有利于扩大书店名声。会员主要是留住优秀的老客户。所以不要乱发会员卡。

网上书店吸收进来会员后，不要就万事大吉、撒手不管了。对会员的服务有及时跟进。如此书店进了新书后，针对每一级会员喜欢的书籍类别，用邮件或QQ等方式告知他所喜欢的新书已到货，而且最好附加简单的书籍介绍。

5. 可以开专业性的网上特色书店。

传统的实体书店一般主要是综合型的书店，它依靠书目全、服务好、信息量大取胜，比如新华书店。而一般初入此道的创业者则并不具备相当的实力，所以开网上书店，也可采取"以专取胜"的策略，走小而精的路线。

一是书籍内容"专"，例如选择计算机、医药卫生等专业性强、需求量大的书籍；

二是销售对象"专"，例如开办针对青少年的书店，或者针对女性、职场白领的书店等；

三是书籍类型"专"，例如开办精品书店，工具书店等；

四是出版单位"专"，例如选择比较好合作的知名出版社，专门销售它们出的书。

这样一来，专业特色就成了吸引顾客眼球的法宝。如果你专门卖一些专业性强、一般地方和书店都不好买或不进货的书籍，比如外文影印版图书等等，当有需要的顾客要购买某类书籍的时候，就会自然而然地想到你这个专业性的特色网店。

6. 以灵活的库存降低风险。

一些有经验的网店经营者会建议初开店者"零库存"，这样一来不仅可以降低风险，也可以避免资金周转不灵；当然所谓的"零库存"也是相对的，那些热卖畅销的书籍，最好也要有一定的库存。减少库存量可以把初期阶段的运营成本降低，等到有一定的量，再做库存才是比较稳妥的方式。

7.以多种渠道来宣传自己的网店。

前面说过，网上开书店的最大优势之一，就是店主和顾客之间可以及时交流、互动。如果店主整天不在线，可能很少会有人愿意留言购买东西，回头客也就会越来越少；而大多数的买家买东西都是随机的，他们更愿意找在线的店主，因此做网店的老板就要把所有的空闲时间都花在网络上，挂着等"准买家"们"搭讪"。另外注意参加一些网络商盟，许多顾客都是来自这些商盟的。

网店做得久了，还可以把经常的买家和潜在买家分类，建立一些 QQ 群，这就等于拥有了自己的客户资源，平常可以及时和他们沟通，获知他们的需求，了解市场变化，也可以及时把自己的一些信息发送给他们，让他们对自己的产品进行选择。还有一种不花钱做广告的方法，就是经常到网上的论坛里发主题帖子，和一些行家交谈讨论。比如在论坛里发许多有关自己经营书籍的故事连载或者内容提要，引起一些"看客"的注意，和他们保持联络，利用人气扩大小店的知名度。但要注意，不要商业味和广告味太浓，以免引起别人的反感甚至招致帖子被删。

5.打造网上书店的安全防线

互联网的广泛性和公开性，对电子商务的安全性提出了新的挑战，安全问题正成为我国电子商务发展的最大瓶颈。一般来说，电子商务的安全性需求应包括以下几个方面：身份认证及访问控制、机密性和完整性、不可抵赖性、安全存储和审计、用户漫游等安全保护。在正确看待电子商务的安全问题时，要明确以下几点：安全是一个系统的概念；安全问题不仅仅是个技术性的问题，更重要的还有管理；安全是相对的，没有绝对的安全；安全是有成本和代价的，实施安全时，要考虑此因素；安全是发展的、动态的。

而实现安全电子商务基本有效的方法就是在交易、信息传递过程中使用由第三方 CA(Client Autheritication) 认证机构颁发的 CA 数字证书。在实际运作过程中，CA 可以由大家信任的一方担任，如，对商家自己发行的购物卡，则可由商家自己担当 CA 角色。

经过工商部门注册为合法商家的网上书店，系统中一般都有一个 CA 认证子系统，可以给交易双方颁发数字证书，并可以对订单进行数字签名，从而防止交易抵赖，实现了一种在网上书店中实现安全交易的模式。

网上书店中 CA 认证子系统（数字签名）的实现过程是：使用数字签名可验证另一个实体的身份，并保护数据的完整性。例如，若要使用公钥系统对消息进行数字签名，发送方先向该消息应用哈希函数以创建消息摘要。然后，发送方使用发送方的私钥加密消息摘要以创建发送方的个人签名，因为此私钥唯一标识该发送方。在收到消息和签名后，接收方使用发送方的公钥解密该签名，以恢复消息摘要，并使用发送方所用的同一哈希算法，对该消息进行哈希运算。如果接收方计算的消息摘要，与从发送方接收的消息摘要完全匹配，则接收方可以确定该消息来自发送方。因为发送方的公钥是公共知识，所以任何人都可以验证签名。

用于数字签名的基本方案，可以指定以下步骤：双方各自生成一个公钥／私钥对；双方交换他们的公钥；在给对方发送信息时，首先计算信息的数据摘要，然后通过本方的私钥，对其数据摘要进行加密的数字签名，发方将原文与数字签名一起发送给接收方；接收方验证签名，即用发方公钥解密数字签名，得出数字摘要；收方将原文采用同样哈希算法，又得一新的数字摘要，将两个数字摘要进行比较，如果二者匹配，说明经数字签名的电子文件是有效的。

相对于散户而言，有一些网上书店的客户是长期的、业务量大的合作伙伴，比如一些事业单位、院校、个体书商、中小型书店，等等。这些客户的每笔业务量通常较大，要求网上书店所给予的服务应该是快捷、准确无误。伴随着业务量的增大，双方结账可能并不及时，这就要求这些大的客户，在与网络书店进行电子交易的时候，双方的认证及信息的不可抵赖性是至关重要的。

对于上述情况可以作这样的安全设置：客户登录网站下载数字签名软件，同时产生大客户的数字签名用的私钥；在线定购图书，并对所购图书信息进行数字签名；网上书店对客户的定购单进行确认，以及自己的承诺，加上自己的签名，提供给用户，供用户下载；经以上处理的订单，在出现纠纷时，可提供有力的证据。

除了上述在交易、传递过程中进行安全监管外，还可以在网站建立分级管理机制。为了保证所发布商品信息的正确性和保密性，网上书店可以采取分级管理机制：系统管理员有特级权限，可以进入后台主管理窗口，对任何数据进行添加、修改和删除。而会员级别只能对自己的资料和所购商品的订单，进行修改和删除，不能修改其他资料。这样就算恶意入侵者偷取到会员账号登录，也不会对商家造成不可挽回的破坏。

网上书店建立会员制并进行身份认证，同样是有效的网站安全措施之一。采用会员制有两种好处，一是保证交易的机密性，二是不可抵赖性。当会员注册时，网站把会员注册信息进行加密后，储存在会员信息数据库中，与其他安全机制配合，尽量做到会员信息的保密。而只有登录后的会员，才能进行购物这一措施，则发挥了身份认证的功能，使任何交易都具有唯一性和不可抵赖性，保障了买卖双方的合法利益。

建立会员制还可以对已注册本网站的用户进行维护管理。包括用户详细信息确认，对有疑问的地方，例如地址等进行确认，并向用户发确认的电子邮件。当然也具备用户删除的权力。最后还可以查看各用户的所有订单，并适当进行编辑，以便用户以后的查询。

网上书店的安全不是仅指交易安全和防范网上黑客的安全，也包括网站自身数据资料存储的安全。所以在资料备份方面，可以采用下列两种备份方式，以尽量做到网站数据资料万无一失。

1. 双机容错热备份（自动备份）。双机容错热备份系统是纯软件方式的双机容错方案，两个系统之间通过以太网连接，关键数据在两个系统之间成镜像存在。在正常运行时，控制权在主用系统上，数据实时地镜像到备用系统上。当主用系统发生故障时，系统控制权切换到备用主机。

2. 数据库备份（手动备份）。系统管理员登录进入后台管理系统后，以随时将服务器内的数据信息备份到指定的一台内部服务器上，保证了数据的完整性。

开网上书店是中国一个很有前途的创业项目，目前的有利条件是：从内部环境来看，国内人口基数大，互联网用户增长快，网上书店拥有众多的潜在客户；而中国的银行业，也在积极地提高网上服务能力，所有这些都为中国网上书店的发展带来了机会。再有消费者对消费要求的日益提高，使得网上书店必须向着专业化迈进，通过提供专业的产品和服务，区分市场，"以客户为中心"也是中国网上书店未来发展的趋势。

尽管网络版权、阅读习惯仍是制约未来网络出版、网上书店发展的障碍，但网络环境给图书出版业带来深刻的革命，已成大势所趋。可以预见到，随着网络进一步融入人们的生活，以技术、服务为品牌支撑的网上书店将成为市场的宠儿和业界创新的引领者！

第十三章

Chapter 13

理财致富，
也是创业的一种方式

1. 要合理理财

小本经营也可以创业，甚至十元、二十元也可以创业做生意，但这毕竟是个提法而已。现代社会，创业机遇虽然平等，但还面临一个竞争的问题，超小本经营的创业一般情况下很难竞争得过拥有一定的投资的实体，除非这个超小本经营者有过人的商业头脑，不然光有屡败屡战的勇气是不行的。现代经济下的创业赚钱，也已无非昔日那种"小米加步枪"摆个地摊就能赚钱的情况了。

那么，有些人只有小本钱，或者干脆无本钱，有些人还天生难以承担创业的风险，或者压根儿就不喜欢创业，难道他们就永远没有赚钱、没有致富的机会了吗？还有，创业成功以后，如何很好地守住自己辛辛苦苦赚来的钱，并且让它进一步保值增值呢？

答案是：科学的理财，量入为出、适当投资，既是你创业成功的保证，也是一部分不想创业的人逐步致富的基础。要知道即使在今天大家都宣传全民创业的情况下，创业也并非是赚钱致富的唯一手段。不创业，只要你按照赚钱的步骤精心理财，保持良好的赚钱心态和习惯，同样可以在不长的时间里变成人人羡慕的富人。一句话，人人都能成为富人。

迅速致富是可能的事，而且大多数人都办得到，可以说非常简单。——如果你对我的这种论断，还有着无比的惊讶的话，那么请你再看我正面的解释。

1. 财富其实离你很近。

首先你要明白，那些成叠的钞票并不是你永远都遥不可及的。如果你认为财富只是高高在上的幻想，认为获取和积累财富只是有钱人的游戏，这种隔岸观火的结果就是，你永远不可能掌握让财富增值的秘密——是的，有钱人之所以有钱，其秘密就在于他们把手上的财富增值了。

金钱和财富本身并不带有任何色彩，并没有像"无产阶级"所说的"资产阶级的铜臭味"，只是一些人对于金钱的不同态度，决定了他手中财富的份量。所以要致富，就不要对金钱与财富抱有什么厌恶感，更要去愿意了解并且掌握让金钱和财富滚雪球般增长的方法。对于世界上那些富人来说，财富是触手可及，而很多人由于受到"铜臭味是可耻的"这一观念的误导，始终徘徊在财富门外，不得要领。

2. 你要有一个自己致富的目标，越清晰越好。

如果你对你自己的致富目标还不清楚，那你可以千百次地问自己：你为什么要这样赚钱？你是为了什么而致富？你要跻身于富人之林，其目的是什么？

你是想改善自己和家人的生活？还是想改变几年来的居住条件，让自己住得更舒适？是想买一辆早已看好的小车，让自己的出行更加便利？还是希望每年能够和家人一起痛痛快快地外出度假？

千万不要忘记：清晰的目标可以让你的致富行动更有方向性。

美国心理学家、第三代心理学的开创者人马斯洛认为：人作为一个有机整体，具有多种动机和需要，最基本的需要是生理需要，然后是安全需要、社交需要（如爱与被爱、归属与领导）和自尊需要，最高的需要是自我实现需要，这种需要是超越性的，追求真、善、美，将最终导向完美人格的塑造，高峰体验代表了人的这种最佳状态。

如果单纯只是为了赚钱而赚钱，一旦金钱和财富满足了你所有的生活，而你缺乏进一步心灵层面的需求表达时，就很容易陷入无止境的金钱欲望。

财富，只是纸面上的价值而已，而拥有财富，目的也是让你实现能过上安全、舒适而满足的高尚生活，所以致富则是协助你实现上述梦想的手段。

因此你的致富目标越清晰、越明确，你越能够真正享受到财富给你带来的种种好处，否则它将拖累你的心灵，最后让你沦为一个"物质上的富翁，精神上的穷人"。

3. 根据手中金钱的流动规律合理理财。

有句话叫作"你不理财，财不理你"，也就是说，理财有很大的必要性。不过对很多不善于打理财产的人来说，一旦涉及到具体的金钱问题，他们就不知所措甚至头疼不已，或者身陷各种财务陷阱而不自知。

不同等级的财务基础和知识，将会让你的人生方向出现意料之外的变化，从而导致最终结果大相径庭。财务知识并不是财务人员的专有权利，如果你想拥有金钱，却任由自己的财务状况，继续处于混乱无序状态，那么就将会失去了将困境转为顺境的机会，最后的结果便是那句至理名言："你不理财，财不理你"。

因此，你要理财，首先就要有"个人的资产负债表"与"现金流量表"的清晰的概念。自己的资产负债状况如何（包括股票、债券、基金和投资，等等），每月固定收入和支出项是什么状况……只有当这些东西以明白无误的方式呈现在你面前时，你才能够做出正确理财的判断和决策。比如你可以正确地判断哪些是资产增值的来源，哪些会导致资产的减少，比较好的资产增值方式有哪些……一旦掌握金钱出入的流向规律这些致富的核心要素，你就可以采取恰当的方式，或为自己规划好恰当的理财方案，扭转当前的困境。

理财并没有什么高深的投资技巧，不涉及什么深奥的投资产品，其步骤实际上简单、实际、可行：首先支付自己→储蓄→投资→保护财富→再投资，这样就构成了一个简单易行的理财循环，一步步把你的财富和金钱积累起来。

2. 致富的起步：先支付给自己

有许多年轻人虽然每月可以赚很多的钱，但拿到之后总是花个精光，从来不愿存一分钱，这就是时下所谓的"月光族"。还有许多人把本来应该用于发展事业的资本，用到时髦的嗜好或娱乐方面。如果能把这些不必要的花费节省下来，积少成多，就会慢慢地给自己筑一个坚实的财富基础。

而有理财知识的人知道，所有的奢侈和排场，最终的结果都是把自己的财富送给别人。要想保持自己的财富并让其增加，关键就在于"先支付给自己"，即每个月固定将钱存入投资账户，使其增值。

1. 什么叫"先支付给自己"？

我们先看一个教孩子们懂得理财的例子。希耳思是华尔街上的一个经纪人，也是一个有四个孩子的父亲。他介绍用简单的系统，来教孩子更有责任心地管理自己的钱。他建议父母准备三个塑料罐，分别标上"花费及奉献"、"储蓄"和"投资"的标签。当父母把每星期的零用钱给孩子时，就叫他们把零用钱平均分成三份，分别放在三个罐子里。其中"花费及奉献"罐里的钱是用于立即花费，如买小气球、动漫明星卡片等，同时也用于奉献和慈善用途；"储蓄"罐里的钱是用于一些大的项目，如买 CD 或新的影碟游戏；"投资"罐与前两个不同，不是用来花费的，希耳思称它为最重要的组成部分，因为它才是我们的财富之源。如果我们不能拥有属于自己的真正财富，债务的风险就会像把剑一样，总是悬在我们的头顶。

当然我们已经不是孩子了，但每一位渴望认真对待财富的成年人，也都需要通过三只罐的系统来管理他们的钱，这其中就包括你。当然不是要你像小时一样，将钱放进罐子里，而是应将其中的一部分——特别是"先支付给自己"的那部分，存入银行或经纪公司的账户里。

2. 为什么要"先支付给自己"？

如果你是刚刚踏入社会参加工作，工资还不高的话，那么存钱似乎是一件不可能的事情。因为你要付房租水电、买日常用品，朋友多的话，一旦好朋友有了什么婚丧喜庆，你还得随着行情凑份子钱。当然，你是想存钱，可是经过上面的"洗劫"之后，到了月底总是没什么钱剩下来。

要注意，其实这就是你之所以不能有致富的启动资金的问题所在了：你和绝大多数人一样，总想的是去储存开销之后剩下的钱，但花销以后你又确实存不到几个钱。

当然，要一下子养成存钱的习惯，似乎也不是那么轻松，因为总会有这样那样的花钱理由左右着你：你可能需要买张等了很久的唱碟，或者可能想和朋友一起去乡下玩一玩，或者甚至自我安慰说：存钱的事，还是从下个月开始做起吧！

甚至有人还会说，我知道有些人有办法精打细算，减少大笔支出，不过我办不到。我尝试过好几次，从来都存不了什么钱，我要生活，要消费……

真的是这样吗？其实，上面这段话，一语道破了人们对致富一事所存在的最大谬误，也是最普遍的观念，像是："我办不到，所以用不着做"，特别是"我没有一点儿钱可存，所以连试一试都不需要"。认定一件事绝不可能达成，就等于阻断完成它的一切机会。

这无异在说他们绝不可能致富，因为他们没办法用别种方式理财！认定自己无法调整支出的同时，他们不只给自己划下财务限制，也筑起阻碍致富的心理障碍——在思索该如何办到之前，就表示"绝无可能"。所以，如果一些待富的人不改变行为，特别是思维方式，恐怕无法顺利致富。

挣了钱先支付给自己，这里有三个现在就开始存钱的理由，而不是要你等到下个月甚至明年、后年。

（1）当你"先支付给自己"的时候，你在心理上已经开始把存钱作为一个优先选择项了。你可能告诉自己：我自己比房东和电力公司更重要，先存一部分钱再去考虑房租电费。养成存钱的习惯，是一种对未来生活充满希望的强有力的推动力。

（2）"先支付给自己"还会鼓励良好的财务习惯。大多数人都是按照以下顺序花钱的：账单、消费、储蓄。不出意外的话，通常都没什么钱可以留下来存进银行。不过如果你把存钱放到首位——储蓄、账单、消费——那么你就能在给自己编造花钱的理由之前，留出这部分钱了。

（3）通过"先支付给自己"，你就能在现实世界里，建立一个现金缓冲装置。稳定且有规律地存储，是存钱的最佳方式，你可以用它来应对紧急情况，比如购房、买车，等等。"先支付给自己"最终给予你的，是财务的自由——它可以为你打开一个充满机会的世界。

3. 怎样"先支付给自己"？

养成一种习惯的最佳方法，就是让这个习惯在养成之中，尽可能少地遇到困扰，最终让它变成一个自动行为，且让它化于无形之中。培养"先支付给自己"的习惯也是如此。

（1）强迫自己每月拿到薪水后，先给自己发工资——一部分必须拨入储蓄，剩下的再用于开销，否则再多的钱经过你的手，这辈子都不会属于你。你的支出将自动成了别人的收入，你的消费等于是，帮助了服装店、高级餐厅，或是消费场所的老板给他的服务员发工资，和给业主交租。许多人每天疲于奔命地应付开支，是因为缺乏计划，要不然就是为了面子，而在过着与收入不符的生活。而我们要的不是表面的而是事实存在的富裕，因为你活着不需要表演给那些对你不重要的人看。在这方面，心里要有这样一个理念："一世人不亏自己。"

养成这个习惯的真正障碍，是如何找来要存的钱。很多人认为这根本做不到。不过几乎每个人都可以存下自己收入的百分之一。这就相当于从一块钱里存下一分钱。有人会争辩说：存这么少一点意义都没有。不过如果一个事事怀疑的人能拿出行动来，把自己收入的百分之一坚持存下来的话，他通常都会发现这个过程毫无困难可言。也许下一次他会存百分之三或者百分之五。当他的存款比率增加的时候，他的存款也就增加了。

（2）不进行盲目性和冲动性的消费。

在商业空前繁荣、商品无穷无尽的现代社会里，报刊、商店和电视以大量广告诱使我们去消费，因而我们购买的东西，多数是冲动性购物或购买欲作祟的结果。我们最终成为消费社会里或多或少的目标对象。到各家商店去看看，所有广告海报只有一个目的：促使你去消费，而且是要你现在立刻就消费。所以我们要从自己不多的薪水里挤出钱来致富，首要之务是不再有盲目的、冲动性的消费。

比如说下次你再去超市购物时，可以试着这样做：照平常一样买东西，但在结账前先清点一下推车里的东西，区分蔬菜、肉类等等必需品，以及糖果、冰淇淋和小玩意之类的非必需品，结果可能会让你惊讶万分。再来计算非必需品的总金额，乘上你购物的次数。你会有大大的感慨：原来省钱的空间竟然有这么大！

（3）养成节省的习惯，并且时时进行自己省钱的财务练习。

要开始累积财富，就必须重新检视自己的消费习惯和平日花钱的方式。所以建议：从明天开始详实记下每一天的花销，以及所有直接、间接导致消费的行为，特别要找出无意识的消费行为。比如说你每天早上必须要买杯豆奶喝，多在外面早餐店吃早餐，上班要乘坐公共汽车甚至打出租车，在外面或单位吃费用不少的午餐，对于男人来说每天必买的香烟，等等。最开始可以把它当成一项理财的练习来进行。

接下来，你就可以考虑该怎么用较少花费，做好上述的事情而达到相同的目的，同时计算可以省下的钱。比如说：每天早上你要花一元钱买杯豆浆喝，不如用这笔钱买一台豆浆机自己解决，这样你最终还是可以喝到同样的豆浆（或许比买得更香浓），花费上却少了许多。到外面吃早餐何不自己亲自动手做？还不用担心食品安全的问题。上班时不能早些起床步行到单位吗（如果单位不是离家很远的话）？既吸取了新鲜空气又锻炼了身体。如果单位或外面的午餐有点贵的话，可以早上带上前晚做好的午餐到单位。至于香烟，如果这也是你每月的一大支出的话，我劝你还是把它戒掉，一则为了身体健康，二则的确能省下不少钱。

上述那些不假思索的行为，可能就是许多花费的源头，省下这些钱，几乎改变不了你原来的生活习惯，却让你轻易产生结余来支付给自己。检视一下自己的习惯。分析你做的每件事。我相信你可以找到数十个省钱机会。

当然，做这项练习的目，在于让你留意金钱的去向。一旦你认为每分钱都花得值得，你不需要再自问："还有其他办法吗？"既然你没有资金或财产，又真心打算致富，总得从某个地方挤出钱来。

还强调一点，这样的省钱练习并不会降低你的生活水平，因为你省下的钱还在手上。你要是改变主意，随时可以取回储蓄花掉。总之你没担负任何风险，这只是你重新找到的一种消费方式——想出办法来累积创造财富的资本，而不是改变你现有的生活方式。

这种消费方式的最终目的，不是要你每天吃馒头咸菜过活，而是让你把每一块钱花在刀刃上。如果你的生活乐趣是经常上餐厅吃饭，每个月上一次大众餐厅的费用，会比每个礼拜到住家附近的肯德基店用餐来得少，而且带来更多乐趣。

自我检视的另一项重点，是评估消费的价值和实用性，看看是否把钱花在刀刃上，是不是买得太贵，或是你是否真正需要花钱购买某些东西。

3. 致富的中心法则：让收入大于支出

理财的目的是平衡现在和未来的收支，使你的财富时刻处于"收入大于支出"的状态，不会因为无钱付账而导致财务危机，影响你和家人的生活幸福。因此，要简便合理地理财，首先就要管理好你的现金流。

1. 什么是现金流?

现金流就是现金的收入（现金流入）和支出（现金流出），对于一个家庭来说，现金流入包括：

（1）经常性流入：工资、奖金、养老金及其他经常性收入。

（2）补偿性现金流入：保险金赔付、失业金。

（3）投资性现金流入：利息、股息收入及出售资产收入。

现金流出包括：

（1）日常开支：衣、食、住、行的费用。

（2）大宗消费支出：购车、购房及子女教育。

（3）意外支出：重大疾病、意外伤害及第三者责任赔偿。

家庭的现金流管理，就是要将收入与支出尽可能地匹配起来，使你的家庭保持富余的支付能力，而且富余的程度越大越好，越富余说明财务状况越自由。

就目前国内的情况来说，虽然中国经济正处快速增长的阶段，但由于这种增长存在很大的不确定性，也使人们未来的收入的消费存在很大的变数，比如收入的不稳定、失业的威胁、通货膨胀的因素，等等。在这种情况下，家庭的理财规划应该保守一些，以免未来陷入财务困境。更请认真阅读下述的建议，分辨清楚资产和负债的差别，绝对不要做贷款的奴隶。

2.资产和负债各意味着什么？

首先你要明确资产和负债的概念：

所谓资产，是所有能够直接或间接为你带来金钱收入，让金钱流入银行户头的有价事务。最常见的资产，以及它们带来的收入有：

（1）工作和薪水；

（2）房租收入带来的不动产；

（3）有股息的股票；

（4）有利息收入的投资。

而所谓负债，则是指你所有的债务、必要的开销，以及所有把钱取走的东西。最常见的负债和它们导致的花费有：

（1）税收制度和税款；

（2）信用贷款和利息；

（3）日常生活所有必要支出：食物、衣服、娱乐费，等等；

（4）赡养费、罚款，等等。

分辨资产与收入、负债与支出之间的差别确实十分重要，而资产和负债的差别分辨其实很简单：拥有一定的资产，意味着它如升值能让你变得富有，拥有一定的负债，并且你久拖不还，则意味着会让你越变越穷。所以在你理财的时候，你千万要记住以下两点：

（1）只投资有可能升值，以及（或是）能够带来财富和收入的资产。

（2）千万别用贷款购买任何会贬值的东西。

假如你想致富，那么你就不要进行任何消费性贷款，因为它们只带来负债，让你越来越贫穷。有人喜欢用贷款来购买炫耀性的表象财富（汽车、时尚科技产品等等）。这些东西只是让你接近财富，而非拥有它；闻得到，却永远触摸不着。相反这些贷款就像你脚上拖的大铁球，日复一日越发沉重。它们限制你的行动自由，让你对债权人总是负有义务。它们不只阻碍你前进，还让你越来越穷。

你可能会认为汽车应该该算是资产了，因为你随时可以卖掉它。进而你认为即使贷款买车也不为过："因为我买了一份资产"。

　　然而你这样想是不对的，除非汽车能给你带来收入（比如你用它来跑运输或出租载客等），不然它只是负债，还要付出一定的养车费。即使你可以将它卖出，但它的价值必然会随着时间而降低。

　　就是无息贷款也不行。因为贷款消费不只是支付利息这么简单。贷款的第一个作用，是促使你去花自己根本没有的钱，让你错以为自己有足够的钱去消费。不管需不需要支付利息，到头来还是产生了债务，而这些债务归根结底还是要偿还的。

　　那么需要因此放弃生活享乐吗？当然不需要。人生本就是体验，应该尽情享受生活乐趣。但是你该奉行正确行为，也就是先致富后花钱。假如你颠倒顺序，你会两头落空。你应该尽可能持有及取得资产，而不是负债。所以在你的整个理财生活中，请记住下列三个目标：（1）增加资产；（2）控制和减少负债；（3）让收入永远大于支出。

　　践行这三个理财的基本原则，你的生活就会越过越有奔头。

　　3. 负债的你依然有致富的权利。

　　假如你之前不知道"让收入永远大于支出"这个理财理念，动用贷款买下了许多东西，之后为了偿还贷款的本金和利息，不得不成了"车奴"、"卡奴"或其他什么别的"奴"，甚至在你经济拮据时，你不得不开始以借贷来偿还债务了（这种举动是最不明智的，我们称之为"财务自杀"）。

　　假如你落入这步境地，除了得缩衣节食地拼命工作以偿还债务，对自己还能致富已经不抱什么指望了。但是你并没有到最后不可挽回的地步，你可以首先清还债务，在还债的同时启动你的致富计划。

　　在尽可能清偿所有债务时，强烈建议你不要再去借钱还债，借钱还债并不能从根本上解决你的负债问题，相反会使这个烦人的问题越拖越久。建议你采取下列步骤，把脖子上的负债绳索慢慢解开：

　　（1）勇敢地打电话给你的债主，坦诚地跟他们说明你目前的账务状况，以及你打算清偿的方式。不管你的债权人是谁，他们总是喜欢跟愿意担当责任的人说话。

　　（2）趁你的负债物品还有价值之际卖掉它们。假如你有一部小车，卖掉它获得期望的收入，上班或外出就骑自行车或乘公交车。家里有并非非用不要的大宗电器，卖掉，换来资金外还可以节省一大笔电费。

（3）为了尽早地偿还完债务，你肯定会兼职、加班，和一项项省掉生活中不必要的某些开支，这很对。但要注意，你每月所获得的总收入，都要提前拨百分之十支付给自己，把它们按某种理财方案进行投入。这样一来，你又开始储蓄和累积财富，要知道就算你还在负债，也有致富的权利。

（4）你再拨出所得的百分之十付给债主，直到所有债务还清为止。

这里有个重要提示：不管你怎么偿还债务，哪怕就是遇到了暂时的经济困难，也尽量不要出售资产来还债，尤其是能带来收入的资产。请记住：资产（你的财富）和金钱是完全不同的两码事，它们都是你的财产。假如你出售资产来解决金钱问题，你很可能就踏出了错误的一步。

4. 致富的思维：用杠杆撬动你的财富

杠杆原理是物理学的一个重要原理，是古希腊哲学家、数学家、物理学家阿基米德发现的，他发现利用杠杆的作用，可以用很小的力做很大的功，由此阿基米德也曾自豪地宣称："给我一个支点，我能撬动整个地球！"

用很小的力可以做很大的功，这个原理我们也可以用在致富上，这就是我们所要说到的致富杠杆。

从某种角度来说，致富杠杆分为两种：

一个是时间杠杆，比如信贷、借钱、举债、信用卡和抵押借款，等等。本来你确实没钱，但你经过上述的种种活动，现在就有钱了，有钱你就可以从事各种生产或消费活动了，金融可以是虚拟的，而这个生产和消费则是实体的，这样，你就把未来的金钱，在今天实体化了，其实就是你富裕了，自然，也就为未来的富裕打下了基础。

一个是空间杠杆，比如，你借国外的钱、吸引外国的资本，或者通过比如连锁店、加盟店、拍卖和垂直整合，等等，把钱从一个地方（别人的手里）直接或间接地转移到了另一个地方（你的手里），这就是利用了空间杠杆致富。

致富杠杆具有一种神奇的力量，这是一种可以为你带来好处，也可以为你带来灾难的力量。它之所以使一些人致富，而使另外一些人贫穷，是因为有些人正确运用这一力量，而有些人则滥用它，还有一些人惧怕它。为什么只有百分之五左右的少数人可以成为富人，因为只有这百分之五的人懂得如何运用杠杆的力量致富。许多人梦想致富却未能如愿，原因就在于他们滥用了杠杆的力量，而大多数人未能致富的原因则在于他们惧怕杠杆的力量。

致富杠杆主要是通过以下三种重要的杠杆形式体现出来：思想杠杆、规划杠杆和执行杠杆。

1. 思想杠杆。

思想杠杆是致富杠杆中最重要的一个部分。通过对思想杠杆的研究，让人们发现为什么单靠金钱并不能真正致富，可以说，思想杠杆是所有撬动致富大门的第一把钥匙。

中国有句成语，也是一句很吉祥的话，叫"心想事成"。这句话如果按祝福和吉利的角度来解释，就是"心"一"想""事"就"成"了；但是世界上显然没有这么好的事，在致富杠杆上，我们把它解释为只有"心想"才能"事成"。为什么许多官迷和财迷，最终总是能如愿以偿，当大官发大财，就是因为他们一心想升官发财，继而绞尽脑汁用尽办法，一计不成又生一计，一招不灵再来一招，久而久之，其愿望就不知不觉地达到了，成了大官或者富翁。而有些人虽然也想升官发财，但又不去利用思想杠杆撬动他的理想，到头来只会是一场空——升不了官也发不了财的，或者说是升不了大官、发不了大财的。

思想杠杆，还反映在一个人的思维定势上。为什么一些经常叨咕"投资充满风险"的人，到头来就是投资市场最大的输家？为什么那些认为投资充满风险的人，却往往去投资最有风险的项目？为什么有些人可以投资高回报的项目，却几乎无需承担太大的风险？原因就在于人们运用的思想杠杆不同。

富人和穷人在思想上都有致富的计划，但两种人的思想杠杆却运用得不一样：富人认为投资的确充满利益和风险，关键在于如何规避风险、获取利益，因而大胆地迈出致富的步伐；而穷人则认为投资的风险大于收益，自己会承担不了，因此战战兢兢地不敢参与投资，也因此永远都不可能致富。面对财富前景，富人总是在思考：怎么才能买得起？怎么才能做得了？这种思想经过杠杆的作用加以放大，释放出来的力量和动力，是巨大的和无穷的。相反，穷人则经常想的是：致富这事我一没有本钱二没有实力，我承担不了必然到来的风险，所以这类穷人永远也不可能致富……

所以，要想彻底摆脱穷人的生活，想真心致富，就得正确运用你的思想杠杆，认真开始考虑你怎样才能启动你的致富计划了！

2. 规划杠杆。

规划也有杠杆作用。比如说你要出资建一座高楼，如果投资没有规划，就会有盲目性，甚至造成投资失败；同样的如果致富没有规划，就不会按照理想的目标一步一步发展，说不定忙乎了一阵，却仍在原地踏步。可以说，没有规划，就没有目标；没有规划，就没有方向。但规划必须切合实际，如果不着边际，就是空话和大话，因此规划中要包括一定的目标和时限；但规划也要有所超前，不能老是缩手缩脚，有句老话叫"取其上得其中，取其中得其下"，就是这个意思。

规划杠杆的正确运用就是：你把"先支付给自己"的那部分钱每月省下来后，就要认真规划自己的理财计划了。

3. 执行杠杆。

先问你一个脑筋急转弯的问题："树上站着三只鸟，如果有两只打算飞走，问：最终会留下几只？"一只？或者一只也没有？NO！正确的答案是：三只都没有飞走！因为，那两只鸟儿只是"打算"飞走，并没有真的飞走。

这个故事的寓意是：想做一件事，甚至决定去做一件事，并不等于你真的会动手做这件事情，关键还是要看你最后的执行力如何。事实上，为什么世界上只有百分之五的富人，就是因为有百分之九十五的人虽然也想致富，但却并没有开始真正的行动，没有正确地运用他们的执行杠杆。

5. 致富的实际行动：选择理财途径让财富增值

假如你已经按我的要求，用"先支付给自己"这种理财方式给自己存下了一笔资金，这时候，我劝你不要光把这笔钱存在银行里，虽然银行存钱较为稳妥，但却不具备增值性，一段时间以后，存款产生的利息，将会远远跟不上通货膨胀所带来的损失。什么是通货膨胀？就是指物价水平持续上涨。从长期来看，经济不断发展的国家都会有通货膨胀的现象。现在的一百元钱和十年前的一百元钱，能买到的物品数量是不一样的。

所以学会投资，学会理财，是应对通货膨胀和使你永远致富的最好办法，因为许多投资理财工具都有保值增值的特性。

那么什么是投资理财？投资理财就是将手中的闲散资金加以合理运用，通过购买某种资产，使自己的资金得到增值的行为。将钱存入银行或者买股票、买债券等，都属于"投资"的行为，而"理财"则是根据自己的收入和支出情况作好规划、制定目标，决定何时投资、如何投资，等等。

选择一个好的投资理财产品，除了能克服通货膨胀的不利影响外，还能获取"复利"收益。通俗地说，"复利"就是"利滚利"的意思。比如，假设你第一年投资的一千元，赚了百分之十，也就是拥有了一千一百元；第二年您用这一千一百元再投资，仍赚了百分之十，那么就拥有一千二百一十元，这两年您的收益率就是百分之二十一。时间越长，"复利"的威力越大。

国内现在都有哪些可供投资的对象？概括地说，目前国内居民可以投资的对象有：银行储蓄，国债、企业债等债券，保险；股票，基金，外汇，贵金属，邮票、钱币、艺术品、古董等收藏品，房地产，实业投资等。

但也许你已经觉察到了：你还不是个富人，而是想将有限的财产，投入适当的理财产品而从中取得收益的人，上述投资对象中的钱币、艺术品、古董等收藏品，以及投资房地产、搞实业投资等，都需要先投入大笔的启动和运作资金，用来购买将来增值的原始对象，这对你很不合适。所以，对于只有小额资金的你来说，下面三种投资的方法可能适合于你：

1. 长期不用的资金，投资国债。

国债是由国家为筹集财政资金而发行的一种政府债券，是国家向你出具的、承诺在一定时期支付利息，和到期偿还本金的债权债务凭证，由于国债的发行主体是国家，所以它具有最高的信用度，被公认为是最安全的投资工具。所以，你先支付给自己的钱，如果计划长期不动用它，可以考虑投资国债。

目前国债主要有凭证式国债、记账式国债和电子储蓄国债三种，在当前低利率时期，你可适量投资国债，但在购买国债时应注意以下几个方面。

（1）凭证式国债主要适合老年人购买。这种国债类似银行定期存单，利率通常比同期银行存款利率高，是一种纸质凭证形式的储蓄国债。其办理手续也和银行定期存款办理手续类似，可以记名挂失，持有的安全性较好。

凭证式国债不能上市流通，但可以随时到原购买点兑取现金，提前兑取将按持有期限长短、取相应档次利率计息，各档次利率均接近银行同期存款利率。值得注意的是，凭证式国债的提前兑取是一次性的，不能部分兑取，流动性相对较差。

（2）如果你对资金流动性要求不高，可以考虑购买电子式储蓄国债。这是一种以电子方式记录债权的、不可上市流通的人民币债券。与凭证式储蓄国债相比，电子式储蓄国债通过电脑系统记录和管理投资人的债权，免去了投资者保管纸质债权凭证的麻烦，债权查询方便。电子式储蓄国债没有信用风险与价格波动风险，按年付息，存续期间利息收入可用于日常开支或再投资。

电子储蓄式国债的投资门槛较低，收益率一般要高于银行定期存款利率。它在提前兑取时，可以只兑取一部分，以满足临时部分资金需求；投资者提前兑取需按本金的百分之一收取手续费，但电子式国债在付息前十五个交易日不能提取。

（3）记账式国债适合"低吸高抛"。记账式国债主要面向机构投资者，是由财政部通过无纸化方式发行，以电脑记账方式记录债权，并可以上市交易的债券；记账式国债可随时买卖，流动性强，每年付息一次，实际收入比票面利率高。

认购记账式国债不收手续费，不能提前兑取，只能进行买卖，但券商在买卖时要收取相应的手续费。由于记账式国债的价格上下浮动，高买低卖就会造成亏损；反之，低买高卖可以赚取差价；因此，你如果对市场和个券走势有较强的预测能力，可以在对市场和个券做出判断和预测后，采取"低吸高抛"方式进行国债买卖，并从中获得价差收入。

2. 不安分于固定收益，投资分红保险。

如果你认为购买国债等这样长期固定的投资，其收益太少太慢的话，你可以转向投资市面上的分红保险。

分红保险是指保险公司在每年结束后，将上一年度该类分红保险的可分配盈余，按一定的比例分配给客户的一种人寿保险，是近几年较为盛行的"享有低额保障的同时，还具有一定的投资收益"的保险理财产品。目前，绝大部分分红保险的险种，除了参与保险公司的红利分配以外，还有百分之二左右的保底收益。无论红利高低，保底收入不变。有的保险公司推出的分红险，其持满五年后的年均收益，比五年期的定期存款利率还要多。

目前，一些分红保险的投资起点金额仅为一千元，所以比较适合资金量偏小的稳健投资者投资。在购买分红保险时，要选择那些历年分红收益率在同业中居高的保险公司，以取得较高的分红收益，同时兼顾选择分红保险的意外身故、病故或是意外伤害的保障金额。

3. 想长期投资，选基金。

基金是一种间接的证券投资方式，它的操作方式是：基金管理公司通过发行基金单位，集中投资者的资金，由基金托管人（即具有资格的银行）托管，由基金管理人管理和运用资金，从事股票、债券等金融工具投资，然后共担投资风险、分享收益。

基金是一种比较理想的小额资金长期投资方式。基金具有下列三个显著的特色：

（1）组合投资，分散风险。为降低投资风险，我国《证券投资基金法》规定，基金必须以组合投资的方式，进行基金的投资运作，从而使"组合投资、分散风险"成为基金的一大特色。"组合投资、分散风险"的科学性已为现代投资学所证明，中小投资者由于资金量小，一般无法通过购买不同的股票分散投资风险。基金通常会购买几十种甚至上百种股票，投资者购买基金就相当于用很少的资金，购买了一篮子股票，某些股票下跌造成的损失，可以用其他股票上涨的盈利来弥补。因此可以充分享受到组合投资、分散风险的好处。

（2）利益共享，风险共担。基金投资者就是基金的所有者。基金投资人共担风险，共享收益。基金投资收益在扣除由基金承担的费用后的盈余，全部归基金投资者所有，并依据各投资者所持有的基金份额比例进行分配。为基金提供服务的基金托管人、基金管理人只能按规定收取一定的托管费、管理费，并不参与基金收益的分配。

（3）独立托管，保障安全。基金管理人负责基金的投资操作，本身并不经手基金财产的保管。基金财产的保管，由独立于基金管理人的基金托管人负责。这种相互制约、相互监督的制衡机制，对投资者的利益提供了重要的保护。

目前，投资门槛低的两种基金：货币市场基金和定期定额投资的股票型基金（即"基金定投"），为小额投资者提供了较为理想的资产增值渠道——它们一般第一次起点数千元，以后每次购买最低一千元即可。你是购买货币市场基金，还是购买定期定额投资的股票型基金，就要看你对资金流动性的要求了。

货币市场基金的优势就是，在确保百分之二以上的年收益的基础上，还有很好的流动性，要用资金时你可立即免费（买卖免收手续费用、收益免收利息税）赎回。你如果对资金的流动性要求不是很高，可以长期投资的情况下，就选择以定额投资的方式小额投资股票型基金，也很不错。以长期投资测算来看，好的"基金定投"产生的年收益率会在百分之十以上。但这需要长达十年，甚至更长时间的投资期了。

第十四章

Chapter 14

网上创业，
并非空手套白狼

1. 创业离不开资本，钱从哪里来?

创业离不开资本，做生意不能没有本钱，然而更多的人却因为没有创业的本钱，停留在创业的十字路口走不出来。如不少地方的工商局都规定创业办公司注册资金不得少于三万元，但三万元有时对于一个有心创业却无资无本的创业者来说，也是一笔不小的数目，甚至成为他创业征途上的一只拦路虎。

其实网上创业，也并非空手套白狼，那么，没有启动资金，没有前期投入，我们还要不要创业?

回答是：你有激情和信心的话，还是要创业。之所以选择创业，就正是因为我没有钱而想通过网络赚到钱、我不想看老板的眼色而只想实现自己的创意、我不想忍受机关里的官僚和繁琐、我不想失去自己的梦想和使命……一句话，创业者的首要使命就是为自己创造成功的机会。没钱和有钱在创业上的差别，只是起点不同、角度不同和借力的方式不同。创业者需要充分认识自己的不足和优势，通过其他方式来填补缺乏资金这块短板，从而通过合理的组合来取长补短。

请记住：大多数人创业都是白手起家，然后从无到有、从小到大、从亏到盈、从穷到富、从游击队到正规军、从星星之火到烽火燎原的；既然网上创业不是空手套白狼，那我们首先所要拥有的，就是套狼的工具。当然，如果一个人连吃饭都成问题，那么他去创业是不现实的，还不如去打工。创业是一项首先在解决了自己的温饱、保障自己基本生计需求的前提下才能进行的一个事业。

如果你想创业，又没有准备专门的创业资金，那么创业的钱包括创业的启动资金从哪里来？

1. 向自己借钱，或者换句话说，就是投进自己部分积蓄。据了解，创业初期的启动资金通常有百分之三十左右来自创业者个人存款。

有人疑问创业者是否必须自己掏出钱来创业？答案是其实这是必要的。道理很简单：

（1）作为创业者（也可能是未来某个大公司的创始人），创办属于你的事业，你自己都不拿钱的话，那请问谁会为你买单？天使投资人？亲戚朋友？创业是一个极其复杂的奋斗事业，而不是坐享其中的过程，创业者投入的不仅仅是时间、精力和资金，更重要的是为之而奋斗的某种舍弃，如闲情逸致、天伦之乐等等，从这个角度来说，掏钱仅仅只是最简单的一种舍弃。

（2）创业初期的小本经营，自掏腰包几乎是必须的。投入了自己的钱，就代表了你对这个项目的信心与决心，你才会逼着自己不断自省，才有节省资源的强烈意识，遇到困难想的是解决问题，而不是逃避。也只有这样，你才能发挥最大潜能去创好业，从而吸引到投资人的注意。

所以当你准备为你的创业拿出钱来时，你不妨这样想：世界上还有谁比你自己更清楚你的创业激情？还有谁能比你自己更能理解你的创业远景？还有谁比你更清楚这个项目，是一个千载难逢的赚大钱绝好机会，那么自己不抢着先下注还等谁？

不过这里要注意：自己投资创业还是要留后路，就是说不要一下子把所有的积蓄全部投到创业中去，"孤注一掷"是要不得的。创业毕竟还是有风险，创业路上也不会是一帆风顺的。一旦创业失败，投出去的资金都付诸流水，"捕鲸未获反丢钓"，影响了你的正常生活甚至闹到要举债度日，那就更不可取了。

还有，如果你是和别人合股创办了公司的话，不要只是把钱都换成自己公司的股权（你应该已经有足够的创始人股份了）。你可以把钱借给公司，这样你以后就可以再让公司把钱还给自己，比如用公司未来的收入——甚至是未来投资人的资金还给自己，这是很正当的。

2. 向家人和亲戚朋友借钱。向家人和亲戚朋友借钱创业是种非常古老的传统方式。这种私人商业贷款有双赢效果，因为贷款利率通常比市场价格低两到三个百分点（这一点对你有利），比最高的存款利率又高出一到两个百分点（这一点对他们有利）。

在向家人特别是亲戚朋友借钱时，贷款数量通常是个比较敏感的方面。这时最好对他们的经济背景有一个大致的了解后，借钱时再提出一个合适的额度，这样借钱成功的机率较大。如果你了解和针对他们的资金状况，上来就"狮子大张口"要借多少多少，伤了双方的和气不说，甚至搞不好会连朋友也没得做了。

3. 向支持你的人借钱。在你那些经商朋友的往来圈中，你很可能会找到一些愿意贷款给你并且有一定的还款宽限期的支持者。比如你可以与贷款人约定还款宽限期三年，如果这期间你的创业取得成果，贷款人可获得额外的利息回报。著名企业家、沃尔玛创始人萨姆·沃尔顿就是依靠往来圈里的"耐心投资者"成功创业的。

4. 网上贷款。互联网为创业者带来了很多新的融资渠道，比如网上贷款。在国外由于互联网发展比较成熟，网上贷款这种新型的融资渠道也发展得比较早。比如 On Deck Capital，这是一家网络贷款机构，它不看你的信用度和退税额，而是根据现金流判断是否贷款给你。还款时也无须每月支付一大笔款项，而是每天还一点点。在国内（大陆）也有很多公司和机构提供网上贷款，并且也正在成为一种趋势。这样创业者借助互联网的优势，可以足不出户地完成贷款申请的各项步骤，包括了解各类贷款的申请条件，准备申请材料，一直到递交贷款申请，都可以在互联网上高效地完成。

但目前国内网上贷款的公司和机构良莠不齐，找这些平台贷款时，尽量找有经营资质、有国家认证和信誉担保的，有银行背景的更好。一定要防止骗子公司。一般来说，网上贷款的骗子公司具有以下一些特点：

（1）这些公司的名头都比较大，比如什么"××贷款集团"、"××贷款集团公司"等，但实际上这类公司根本不可能存在，工商部门也不可能允许此类公司名称注册。

（2）假冒银行或知名公司的名义，但是均没有办公地址，也无法提供真实的公司营业执照和经营者个人身份证件。

（3）广告信息中一般只提供手机号码及联系人，通过手机号码查询可看出发布者集中位于国内少数几个省份。

（4）放贷条件容易，不需抵押也不需查看收入情况，基本上是一个身份证就可以贷款。

（5）当求贷者动心后，骗子们会利用各位理由要求先收取费用，比如利息、律师费、核实费、保险费、手续费、保证金，等等。

（6）当求贷者先付费后，发现骗子的手机就再也拨打不通了。

某些贷款网站由于是应求贷者的特点紧急放贷，所以可能利息会比较高，但这类网站对急需资金援助的创业者还是很有帮助的。

5.以不动产（如房屋等）以移花接木的方式筹集资金。这里有个创业者另类筹资的事例。

当八十多岁的父亲因病去世时，林某偏偏在这时候又失业了。妻子无业、母亲有病，他想开一家小店维持一家人的生计，但因为给父亲治病，家中的积蓄已经所剩无几。向亲友借，亲友的理论是救急不救穷，没有人认为他能还得起钱。用自己家的房子贷款风险又太大，万一经营不好，一家人连住的地方都没有了。正在为贷款发愁的时候，他想到了父亲死后留下的房子。何不将父亲留下的房子作为本钱，开始自己的创业之路呢？

于是林某说服了母亲和妻子，将这套位于一类地段的大房子以七十三万元的价钱卖了出去，转而在三类地段花二十八万元买了套不到八十平方米的二手房。这样房子虽然换小了些，但一倒手赚了四十多万元。这笔钱他一半留给家里做生活费用，另一半二十万元他马上投入了创业之中，加盟了一家服装店。

移花接木筹资的关键，就是要摸清哪个环节最能筹到资金。很多创业者在最初筹款准备创业时，最不清楚的是该如何借力，即用小力去搏大力。在借力的过程中，先要将自己的优势衡量清楚。比如这个例子里林某家的大房子，是在当地最好的地段，面积也很大，这就是他拥有的力。用这股"力"去移花接木时，如果自己的优势明显，那就可以积蓄到资金。尝到甜头的林某就因为"换"的过程中寻找到了"力度"的差异，因此他没有马上罢手，反而后来又在"大房换小房"上面打起了主意。他在三类地段住了不到一年，等房价又涨了近百分之二十后，又以近四十万元的价钱将房子卖出，然后花不到三十万元的价格在另一处地方买了套同样是八十多平米的精装修新房子。

用这笔换房赚来的十万元，林某又在一处新兴的大型住宅区里购买了一个小商铺，经营起小百货的生意。一家服装店、一家小百货店，两个店铺的收入不但让林某一家人生活好了起来，这个历经坎坷的男人终于也积蓄了一定的资金。

所以俗话说得好：借力发力不费力。懂得借力发力的人，就能够以小博大，以弱胜强，以柔克刚，就能够四两拨千斤。

2. 从小本经营做起，向规模化滚雪球

有的创业者想创业，但限于条件，不但自己拿钱不出，借也只能东拼西凑借到少量的比如不到五百元的资金，这也能创业吗？回答是完全没问题！就是你只有五十元甚至十元钱也可以用来创业。你可以用这笔很少的钱去卖矿泉水、口香糖，只要毛利润超过百分之二十，就算创业成功。

有位富翁说过："小钱是大钱的祖宗。"五百元的资金足够做一个小本生意，而小本生意就像一所没有围墙的"成人商学院"。它可以把一个普通人培养成头脑灵活、反应敏捷、善于抓住点滴商机的生意人，它甚至可以把一个一无所有、靠借贷小笔资金创业的穷小子变成财富大亨和超级富豪。因此，假如你想做大买卖，赚"大"钱，做个上档次的生意人，就脚踏实地从做小本生意开始吧。但需记住一点：把商人灵敏的嗅觉伸向消费市场的每一个角落，寻觅、发现可以实现其价值的事物，才能在经营中实现你的财富理想。

小本创业者与大企业相比，硬碰硬肯定吃大亏。那么面对资金不多、本小利微的创业条件，创业者应该怎样扬长避短，觅得自己的一席之地呢？

1. 小本创业，就要充分发挥灵活多变、更新更快的特点，瞄准一些缝隙和边角市场，见缝插针，努力在某一细分市场做大做强，甚至做出属于自己的品牌，尔后在激烈的市场竞争中生存下来，从而立于不败之地。

我的一个中学女同学，也是我的老乡，她的小本创业故事相信对读者会有一

些启迪。

她从小家境不好，在她创业之初，她比任何人都穷，穷到十多天吃不到半斤猪肉，几年穿不上一件新衣裳。但正是因为穷，她才致力要改变现状，因为穷。她整天想着怎样去赚更多的钱⋯⋯

二〇〇四年，她终于了解到一些批发市场，有低价而新奇的玩具批发，于是她向朋友借了三百元钱，从批发商那里批了一些玩具商品。但批到商品后，她并没有像大家一样去急于摆摊销售，而是去印了几盒自己的名片，再把手上的商品，在批发的价格上调高了一点点，然后印成批发订单，最后拿着商品、带着名片和订单，跑到附近学校门前的商店、玩具店去推销，将自己购进的商品作为样品让他们参考。因为她进的商品式样新奇价格又低，几天下来还真拉到了几个单。她再按照客户的订货量进货后送货上门。这样一周时间下来，她的收入也有四五百元了，觉得比自己直接去做销售还要好。

其实我这个女同学也没有开店的能力，但她采用的办法却比任何人都好，因为她想到一个问题，那就是如果她要开一家店，那么也就只有她这一家店销售她的商品，而她这样去给大家做批发，有十家店购进她的商品，那么就有十家店在销售她的商品，等于说她开了十家销售店！她的想法是正确的，她的做法也是正确的，这也是她成就事业的第一步。

她这样做了几个月后，有一次收到一本介绍一些致富项目信息的免费杂志，里面正有她正在批发的新奇玩具，但杂志里介绍的那个玩具批发公司的批发价格，比她批发到的产品价格高出好多，甚至基本上可以和她的零售价接近了。这样不怕失去客户吗？她很疑惑，于是通过各种方式去了解后，发现这么高的价格用邮寄这样的方式批发，竟然生意还不错。她便也照葫芦画瓢地试着印制了一些产品的价格，用邮寄的方式寄发出去，久而久之，她定的批发价格成了同行中最低的批发价格，这样的做法也是成功的。通过信函批发销售的方式一样可行，单单从信函销售方面，一个月的纯利润也有五六千元。而信函销售的成本也不是很高，她印刷一张四开版的套红印刷只要一角五分钱一份，再加上印刷品邮寄费每份七角钱，人工费每封信函一角钱。那样的话一封信函成本约一元钱，寄发五千份的投资也就是五千元左右，但是却可以给自己带来五千元的利润，利润率高达百分之百。而且可以足不出户，所用时间也不多，可以兼职做，也不需要门面，大大节约了成本。

在她做好信函销售方面的业务后,她又想到了更低成本的产品广告宣传方式,那就是直接发放产品批发价目。她选择了车站、商业区等人流多的地方去发放产品价目,只要是成年人,只要是有消费能力的人她就要给他们送上一张产品价目。在价目表上,她把批发价格与零售价公开对比,同时把起批量仅订在两百元起,这样很多进城务工人员一时找不到工作,都找她批发一些产品去摆地摊,还有一些进城务工人员见到她的产品有更多的利润可以赚,干脆进了货就回家去销售产品,不再给别人打工了。毕竟每个人都不可能打工一辈子,只要有好的产品,好的项目,大家更乐意去做生意。

虽然她没有取得更大的成功,但是按目前一个月能赢利一两万的,心里也很高兴,更重要的是自己创就自己的事业,可以自己做自己的事,自由自在的多高兴。

2. 薄利可多销,有钱大家赚。"三分利吃饱饭,七分利饿死人"——小本经营利润微薄,但容易在价格上形成优势,从而靠销量占优势来弥补价格上造成的损失。像上文我那个做新奇玩具批发的老乡就是这样,她在以邮寄的方式批发玩具时,订的价格比一些同行要低很多,因为她知道大家的资金来之不易,资金也不是很多,她要把更多的利润让给创业者,这样更可以激励大家的努力,同时只有大家的成功也才有她自己的发展。

而有许多小本创业者总是为了"七分利"欺客诈客,最终让本来很有前途的生意变成了"短命"生意。

另外小本经营,所有事情必须根据自己的能力去做,并且要留有余地。比如你有一千元资金,拿八百元来做生意才是合理的。当你从一千元累积到一万元或两万元的时候,也只拿出百分之八十作为资本经营为宜,这样即使不慎蚀本时,那剩余的百分之二十也使你不至于破产,甚至以后还能东山再起。

3. 本小利薄,更要玩得精明。经济学家于光远说过一句话:小本生意做在灵活,赢在精明。对初涉生意领域的人来说,精明应该重点从生意成本、进货渠道、资金周转等方面下功夫。

小本生意能否赚到钱、获得好效益,控制和降低生意成本是关键。如何有效控制和降低成本,有一种"成本倒推算"法值得我们参考。

"成本倒推算"是以产品(或服务项目)的市场价为参考标准,然后根据这个标准，按照从产品销售到产品生产或加工这个"倒序"，推算出各项成本。如店铺里经营的是服装，那么其成本倒推算法就是，以目前同类服装市场销售价格作为参考目标，然后按照这个目标推算出员工的薪水、门面租金、产品运费、服装进货费等。一般推算出来的各项成本之和，绝不允许高于产品销售价。如果推算出来的成本大于产品的市场销售价，说明该生意做下去就要亏本。如果推算出来的成本少于产品市场销售价，说明该生意有利可图。"成本倒推算"对于生意成本把握不好的人来说非常管用。

此外，小本生意在进货渠道方面也很有学问，一般说来有下列几个方面：

（1）进货渠道要找准。在进货之前，应该充分了解产品的市场情况，熟悉产品的进货渠道，趋利避害选准进货渠道。

（2）进货时要尽量避开或减少中间环节。一般一级批发市场的货要比三级批发市场的货便宜百分之四十五左右。因此，在进货时要尽量避开中间环节，到一级市场或厂家进货。

（3）联手进货。按市场的交易规律，进货量与进货价成反比，进货量越多，进货价就越低；反之，进货价就越高。因此，可以与他人联手进货，同样可获得相对低的进货价。

在资金周转方面，初入生意场的人，通常考虑到的是市场、消费人群，而较少去考虑资金周转问题。其实，资金周转是检验生意效果好坏的重要指标。一般来说，资金周转快，经营效益就好，相反经营效益就差。如一万元资金在同一时期内多周转十次，等于一万元本钱做成了十万元钱的生意。因此，小本钱创业者，要想办法加快资金的周转，提高资金的利用率。

加快资金周转、提高资金的利用率涉及的面是多方面的，但对于小本钱创业者来说，最为重要的是提高产品销量、减少库存货物。主要包括两个方面：一是减少库存货物的存放时间，二是减少库存货物的数量。

3. 信誉和双赢，永远是创业的利器

"诚实与信用"这一经商法则被商人们称为"帝王法则"，并为世界各国商人所普遍推崇。中国古代商人在经商活动中奉行"以义制利"、"诚信无欺"的准则，他们所创造的"货真价实"、"童叟无欺"、"公平交易"、"保管来回"等经商名言流传至今。明代大海商汪直尽管沦落为"寇"，但在沿海地区他仍以"义"和"信"从事经商活动，在民间被人们称为"义商"，并多次在沿海群众的帮助下逃脱明朝的围捕。商人沦落为寇，尚不忘"信""义"二字，可见"诚实与信用"的经商法则在中国古代商人心目中占据着多么重要的地位。

在商业上需要诚信，创业者在借钱上也同样需要，所谓"有借有还，再借不难"。一个从来没借过钱的人可能很难借到钱，一个借钱不按时归还的人更借不到钱，只有经常借又每次按时归还的人，才最容易借到钱。不妨在你暂时不需要钱的时候，去你周围的人那里尝试一下借钱的能力，你借的钱即使暂时用不上，也可以帮你建立起你的"信用纪录"。你的"信用纪录"对你未来的投资一定是很有价值的！因为一个人的"信用纪录"，决定着将会有多少人愿意把钱借给你，没有"信用纪录"的人，在商场上甚至可以说连朋友都会很少。

而一个人"信用纪录"的建立，并不是一朝一夕的事，每个人都应在平时和别人打交道中，一点一滴地积累自己的"信用纪录"。有句古话说得好："平时不烧香，临时抱佛脚"，说得就是那些平时不注意"修身养性"，事到临头再想弥补却为时已晚的人。俗话说：有借有还，再借不难。如果你是个借了不还，借了就赖，借了就亏，"肉包子打狗有去无回"的人，谁敢借钱给你，谁借你谁倒霉。

一个人信誉不好，就要付出很大的成本。比如，有些事如果有信誉的话，就是一件很简单的事，就不需要订这个协议、那个协议。如果不信任你，就会搞得很复杂，就要防这防那，搞出很多条条框框，成本就很大。这在现代社会的金融领域，尤其如此。利先生想买一辆车，到银行申请贷款，不料"礼貌被拒"。利先生很纳闷，自己收入高，每月按时还款，信用积分应该很高。原来他按揭买房后，银行利率一直在调整，但他都按以前的利率还款，虽然每次欠款不超过十块钱，但这些小差错都被记录在案，使他的个人信用评分大打折扣，影响了再贷款。在德国，信用更是被看得比生命还要重要。德国法律规定，只要是本国人，就可以凭借自己的身份证和对方身份证的复印件，到任何一家银行去查看对方的信用记录，看看他是不是有什么不良的信用记录，比如没有按时交款付费，拖欠他人财物，或者是欠下银行债务，迟迟不还。

所以，注意自身修养，在亲朋好友乃至金融领域中建立良好口碑和信用十分重要，它将决定你未来会有多少可利用的人脉资源。

创业上跟别人借钱，除了要有良好的信用和如鱼得水的人际关系之外，如果还能做到双赢——双方都有利，那就更好了。

当然，亲朋好友不一定要你的"利"，但我们要有一种感恩的心，要懂得知恩图报，不能过河拆桥。你在困难的时候，别人帮了你，你一定要感谢别人，要给别人一定的回报。成功的人一般都是懂得感恩的人。做生意更是这样，大家都要有利。你想赚，别人也想赚，但你把别人的利润全搞掉了，谁都不愿跟你合作。朋友也是这样，第一次吃了亏，可以；第二次可以，第三次别人就不会再理你了。

现在的银行都是商业性银行，都是为赚钱，都是在做生意，只不过银行是做钱赚钱的生意。只要有利可图，有个安全感，有个说法，他能不借你吗？他不借，他靠什么吃饭？你借得越多，他就赚得越多，他就越高兴。你有信誉，他能赚到钱，他还会找你来借他的钱。下面来看看，高手是怎样借钱的。

香港船王包玉刚开始创业的时候，就是向朋友借的钱。他借钱先买了一条破船，然后，用这条船去银行抵押贷款，贷来了款，再买第二条船。然后，再用第二条船作抵押，去买第三条船。他就是采取这种"抵押贷款"的办法，滚动发展起来的。

有一次，他两手空空，却做到了让著名的汇丰银行为他买来了一艘崭新的轮船。他跑到银行说："我在日本订购了一艘新船，价格是一百万，同时，我又在日本的一家货运公司，签订了一份租船协议，每年租金是七十五万，我想请贵行给我贷款。"

银行说："你这个点子不错，但你要有担保。"他说："可以，我用信用状担保。"信用状就是"货运公司"从他银行开出的信用证明。很快，包玉刚到日本拿来了信用状，银行就同意了给他贷款。这样包玉刚船都还没有造，钱就拿到了。

为什么银行会给他贷款？我们来分析一下：银行给他一百万造这条船，每年就有七十五万的租金，这样两年内，他就可以还清一百万的贷款；因为包玉刚有货运公司的"信用状"担保，而且这家货运公司很守信用，如他不给钱，银行可以找这家货运公司，这样银行的资金安全也就不成问题了。所以，银行就敢贷给他。这就是他的说法，这里就有他的信用。如果你借了，又还了。今后别人才敢跟你打交道。

有时候，你的信用也许还不足以让别人甚至是银行相信你，但你可以利用你和某些有信用价值的企业、机构甚至是固定资产的关系，同样能从别人手上甚至是银行里借出钱来。

美国的亿万富翁丹尼尔·洛维洛，也是依靠这种办法白手起家的。其实洛维洛一直到40岁时还很穷，在创业初时他更是两手空空。但是他成功地运用了借钱公式，终于跻身全球富豪之列。他的公式有两个步骤：

第一步，他打算把一艘货船买下来，改成油轮（载油比载货更能获利）。他到纽约去找了几家银行协商借钱的事。但是银行家看了看他那磨破了的衬衫领子，问他有什么能作抵押，他说他有一艘老油轮在水上。

大通银行的人回顾说："他来到银行告诉我们，他把油轮租给了什么石油公司，每个月收到的租金，正好能够每月分期还他要借的这笔款子。于是，他建议把租契交给银行，由银行去跟那家石油公司收租金，这样就相当于他在分期付款。"

这种做法看似荒唐，许多银行是不愿意接受的。可是实际上，这对银行还是十分保险的。路维格本身的信用也许并不十分可靠，但那家石油公司是可靠的，应该能够按月付钱，除非有难以预料的重大经济灾祸发生。退一步说，倘若路维格把货轮改装油轮的做法失败，但只要是那艘老油轮和那家石油公司继续存在，银行就不用担心收不到钱。路维格的精明之处在于利用他人可靠的信用来增强自己的信用。

结果银行把钱借给了他。路维格利用这笔钱买了所要的货轮，改装成油轮租了出去，接着再利用它来借另一笔款子，从而再买一艘船。

这情形持续了几年，每当一笔债付清以后，路维格就成了某条船的主人。租金不再被银行拿去，而是由他放入自己的腰包。到这时，他又产生了一个更妙的想法：倘若他可以用一艘现有的船来借钱，为何不能以一艘没建的船借钱呢？

这是他利用借钱而赚钱的第二个步骤。

路维格的新方法是这样的：他设计一艘油轮，或其他特殊用途的船。在还未开工建造之际，他就找到了愿意在它完工的时候租用它的人。接着他手里拿着出租契约，跑到一家银行去借钱造船。这种贷款是延期分期摊还的方式，银行要在船下水之后，才可以开始收钱。而船一下水，租金就能转让给银行，因此这项贷款如同上面所说的方式一样付清了。最后，等到一切交代完毕，路维格就以船王的身价把船开走，可一开始他一毛钱也没花。

开始时，这种想法再次震撼了银行。但是，仔细研究之后，银行认为路维格的话很有道理。由于这时路维格本身的信用已经没有什么问题了。况且，跟以前一样，还有别人的信用加强还款的保证。

"这一类的贷款，"大通银行的人说，"我们称之为'双重文件'，即这笔款是由两个公司，或者两个人各自保证偿还，而他们之间的经济又彼此独立。因此，即使中间有一方无法偿还，另一方也会把债务解决。银行就此有了双重保障。"

当路维格发明的这种贷款方式畅通无阻之后，他开始积聚他的巨大财富。他先去租别人的码头和船坞，然后借别人的钱建造自己的船。他的造船公司就这样飞速成长起来。

其实任何创业都是要启动资本的，注册企业、印制名片、置办行头、设立网站，这在现代商业社会里都是最普通的宣传方式了，加起来几百上千元钱不在话下，人们可能做到的是"低资本创业"，而不是"零资本创业"。所以我们要做的就是，即使自己手头的创业资金不多甚至根本没有创业资金，也要通过从小本经营做起，或敢于借钱创业，再经过自己的不懈努力，把创业这片天地撑起来做大做强。